Pictorial Price Guide To Metal
Lunch Boxes & Thermoses

By Larry Aikins

© 1992
Larry Aikins

4th Printing 1999

Published by
L-W Book Sales
P. O. Box 69
Gas City, IN 46933

Printed in the U.S.A. by Image Graphics, Paducah, KY

ISBN # 0-89538-007-2

Front Cover

Pictured are various Lunch Boxes and Thermoses featured in the book. At the bottom of the picture; The MLB Lunch Box came with a cardboard spinner game and four red magnet player pieces.

The plastic pie and sandwich trays came with some of the first 1950 Lunch Boxes such as the Hop-a-long Cassidy. The tip tray is a matching design to the Mod Tulip Lunch Box.

Dedication

To my loving wife, Patty, who promised she would disown me if I ever drag her into such a project again. I couldn't have done it without her organizing skills, love and support. And I know it was fun for her in spite of her protests.

To my first granddaughter, Tiffany, who from a very early age, learned the joys of the hunt and collecting;   "Papa - There's one!" - I don't know who babysat who !!

The Pricing

The values in this book should only be used as a guide. They are not intended to set prices which vary due to local demand, condition and availability. Auction and dealer prices also vary greatly.

Neither the author nor the publisher assumes responsibility for any losses that might be incurred as a result of consulting this guide.

Acknowledgements

Our thanks to the following people who donated Lunch Boxes and time and friendship for our use in this book:
    Lee Brown, Kelly "The World Traveler" Barnes, Ralph Persenger, Mark Blondy, Lazzlo Ficsor, J. Salony, Jerry Goebert, Deb & Dan Kozikowski, Lee "The Thermos Man" Leonard, Christine & Bob Welter

Many thanks to all our collector friends and dealers from coast to coast that have traded and bought Lunch Boxes and Thermoses with me. This book would not have been possible without your help.

<u>Last, but not least, we would like to thank our families:</u>
    To Genell Kelley and Karlene and Noel Kelley, our love and thanks for your hospitality for putting up with us every Canton Weekend over the last few years. We really appreciate it. To our sons, Larry and Mike for their help and encouragement. A special thanks to Larry's Mom and Dad for their love, encouragement and always being there. To our two Special Sunrises in our lives, our granddaughters, Tiffany and Cassie, for believing we are perfect.

INTRODUCTION

Excitement, adventure, the thrill of the chase, the joy of a find, the disappointment of a miss. All of these emotions belong to any collector including the collector of Lunch Boxes! Lunch Boxes are relatively new on the scene. They came into use about the time television created popular heroes to emulate. Children had to have their hero on their Lunch Box! We gave those Lunch Boxes hard service and when our hero went off the air, we found other heroes. Most Lunch Boxes went on to the next child in the family or were discarded.

Today's collector enjoys the challenge of finding these long unappreciated works of art. Some like the historical value, "I had one of these when I was a kid!" Some because they rode a stickhorse with Hoppy, Roy and Annie; Or they leaped tall buildings with Superman; Or they were Snowwhite waiting to be kissed by a prince. It may be for artistic value, "the design is superb....so detailed!"; Or it may be for return on investment, "I can make lots of money!"; Or a host of other reasons.

There was a time when Lunch Boxes were almost never found in antique shops. They were not considered a collectible by dealers. They were found mostly at garage sales or flea markets. Times have changed!! You can go to the biggest or the smallest antique shows and you'll always find Lunch Boxes.

This book is designed to help both the new collector and the seasoned veteran in the style, manufacturer, year and approximate value of metal Lunch Boxes produced in America from 1950 to 1987. Look up a special find, a prized keepsake, or read it just for fun.

Taking Care of Your Lunch Box Collection

Lunch Boxes are rare collectibles with limited availability for all who want them.

It is recommended that special care be taken in the storage and cleaning of your collection.

Harsh chemicals such as lighter fluid, paint thinners and even household cleaners, (such as amonia based or alcohol based products) and paper towels can damage the lithographs. Protect your investment!

Over time, I have developed a cleaning kit that removes dirt, rust, some markers, ink, tape stickers and sticker glue. At the same time, a protective non-yellowing wax is applied which helps to beautify and protect the surface of your Lunch Box. This one step process works on both metal and vinyl boxes. The pictures in this book show you what you can do!!

The cleaning kit contains one 8 oz. bottle of cleaner (enough for 25-40 Lunch Boxes), soft cleaning cloth and easy to follow instructions. Order a cleaning kit for $9.95 plus $2.00 shipping and handling. Texas residents include 8.25% sales tax. Delivery within Continental United States. Elsewhere a higher shipping cost - write for details. Price subject to change with notice. 10 - 14 days shipping.

Order yours today and restore your collection.

Write to:
    Larry Aikins
    101 Trail Ridge
    Athens, TX 75751
    email: www.mrlunchbox.com
    email: www.texasboxer@aol.com

Also Available:
Pictorial Price Guide to VINYL & PLASTIC LUNCH BOXES
by Larry & Pat Aikins

L-W Book Sales
P. O. Box 69
Gas City, IN 46933

Lunch Box Convention

In the summer of 1990 and 1991, Sandy and Bill Henry and parents Billie and Bill Henry Sr., through much hard work and dedication, put together the first National Lunch Box Convention in Oakridge, Tennessee. Their kindness and hospitality are greatly appreciated by all. These conventions have allowed collectors to meet and put a face to the voice they have talked to over the past several years and meet the new collectors from all over the country. The buying, selling and trading that goes on during the two day convention is exciting to watch and participate in. The auction is an event not to be missed! If you are a Lunch Box enthusiast, you will not want to miss the next convention. The convention is held every year around the end of July or in the first part of August.

For more information, send a large stamped, self-addressed envelope to: Larry Aikins, 101 Trail Ridge - Box 5174, Athens, TX 75751.

Hope to see you there !!

Catalog Sale List

Hello Boxers, I am very much involved with the buying and selling of lunch boxes and thermoses. I have quite a large inventory of extra boxes and thermoses for sale.

For an eight page sale list of metals, vinyls and plastic lunch boxes and thermoses, please send $3.00 with a large self addressed envelope with 2 stamps. If we have a new sale list at the time it arrives we will send it right out. If we haven't made a new sale list, we will hold the envelope until one is made.

If you have a want list of boxes and thermoses you are looking for and the condition you wish them to be or any questions you have, send with your envelope, along with your phone number.

Good Luck and Happy Boxing
Larry Aikins
101 Trail Ridge
Athens, TX 75751

TABLE OF CONTENTS

Metal Lunch Boxes	1-143
Variations	144
Metal Domes	145-158
Japanese & Foreign	159-161
Old Lunch Boxes	162-172
Thermos Brand	173-175
Late Foreign Additions	176
Variations	177-178
New Additions	179-180
Index & Price Guide	181-217

Avaliable Now !

Pictorial Price Guide to

Vinyl & Plastic Lunch Boxes

For Info:
L-W Book Sales
P. O. Box 69
Gas City, IN 46933

Collecting Transistor Novelty Radios

■ By Robert Breed ■

A Value Guide

Over 500 Transistor Radios
Over 200 Pages of Full Color
8 1/2 x 11, Paper Back
$24.95 + $2.00 Shipping and Handling
Send Check or Money Order To:
L-W Book Sales
P.O. Box 69
Gas City, IN 46933
Or Call 1-800-777-6450 for Visa, Mastercard, and C.O.D. orders only.

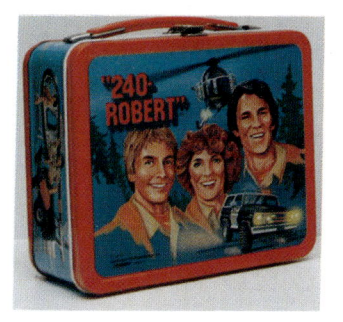

1

2

3

1

4

5

6

2

7

8

9

10

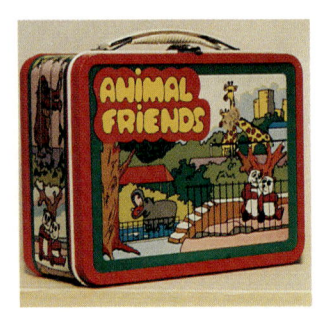

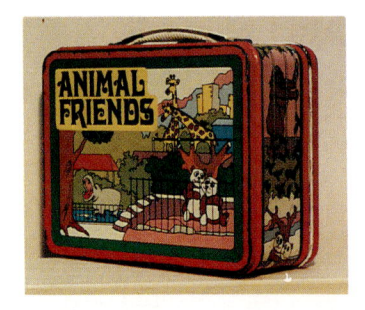

11

12

4

13

14

15

16

17

18

19

20

21

7

22

23

24

25

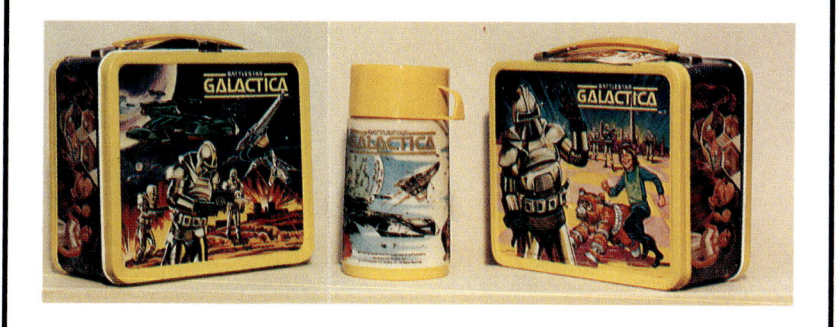

26

27

9

28

29

30

10

31

32

33

11

34

35

36

12

37

38

39

13

40

41

42

43

44

45

46

47

48

16

49

50

51

52

53

54

18

55

56

57

19

58

59

60

20

61

62

63

21

64

65

66

22

67

68

69

23

70

71

72

24

73

74

75

25

76

77

78

79

80

81

27

82

83

84

28

85

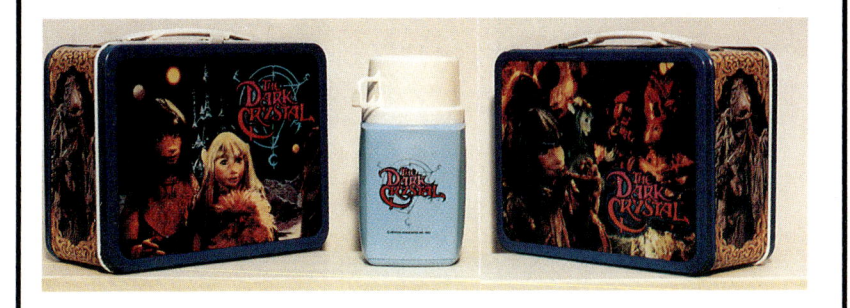

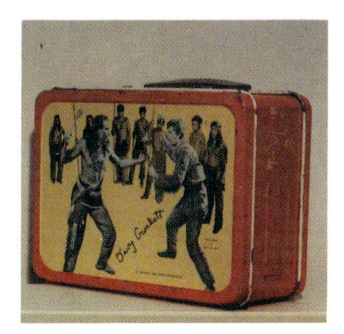

86

87

29

88

89

90

31

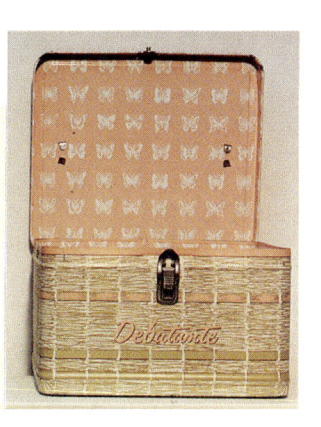

94

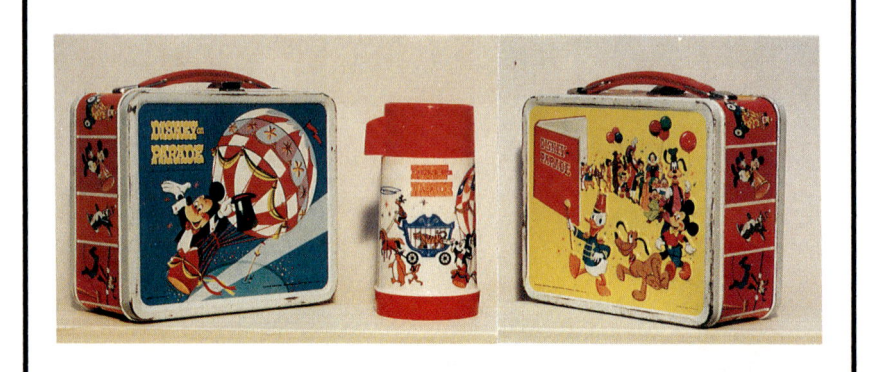

95

96

32

97

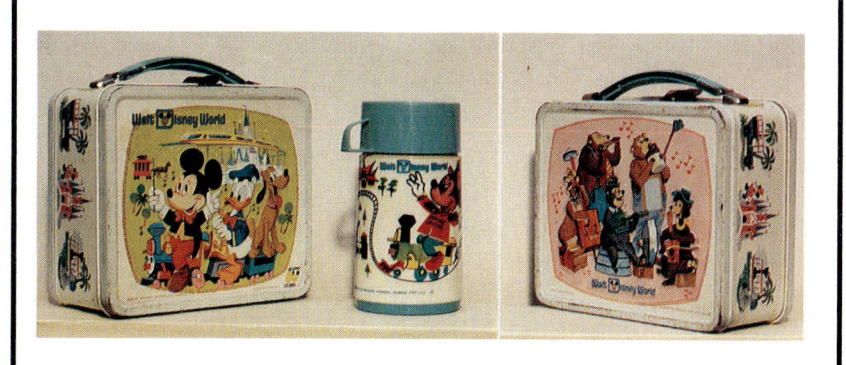

98

99

33

100

101

102

34

103

104

105

106

107

108

36

109

110

111

37

112

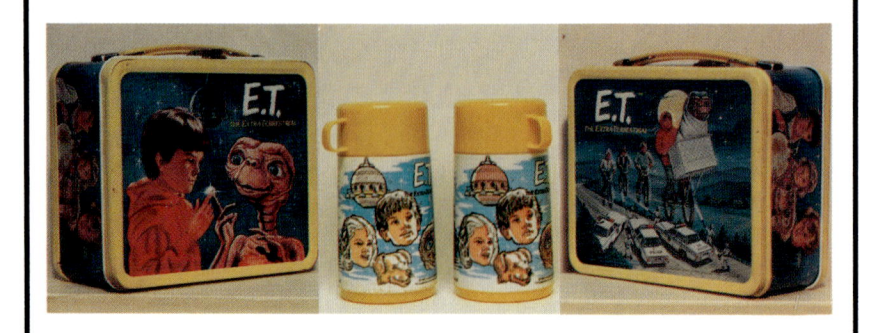

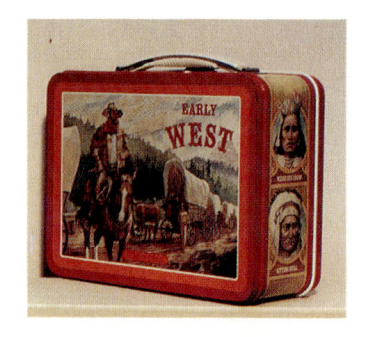

113

114

38

115

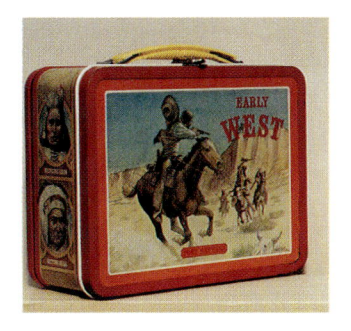

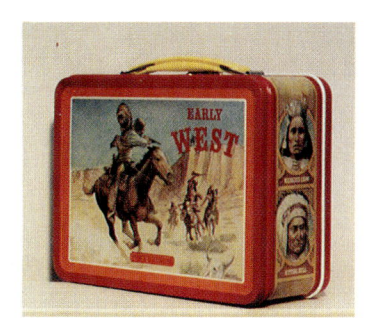

116

117

39

118

119

120

40

121

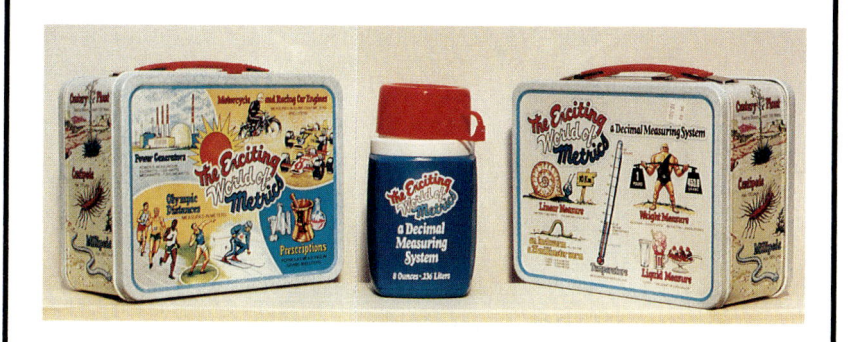

122

123

41

124

125

126

42

127

128

Used Same Thermos as #8 All American

129

130

131

132

44

133

134

135

136

137

138

46

139

140

141

47

142

143

144

48

145

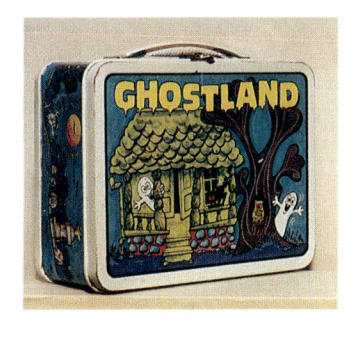

146

147

49

148

149

150

50

151

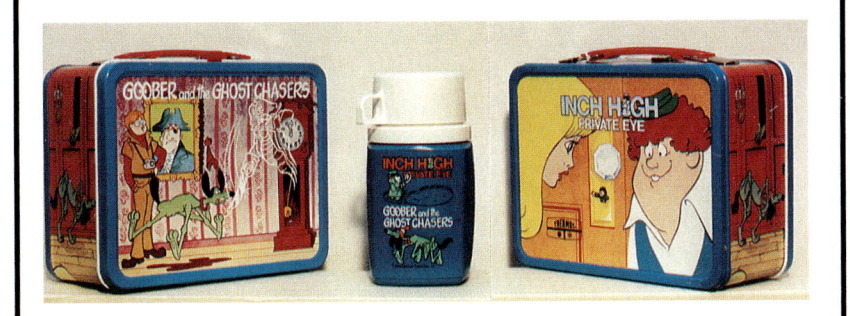

152

153

51

154

155

156

52

157

158

159

53

160

161

162

54

163

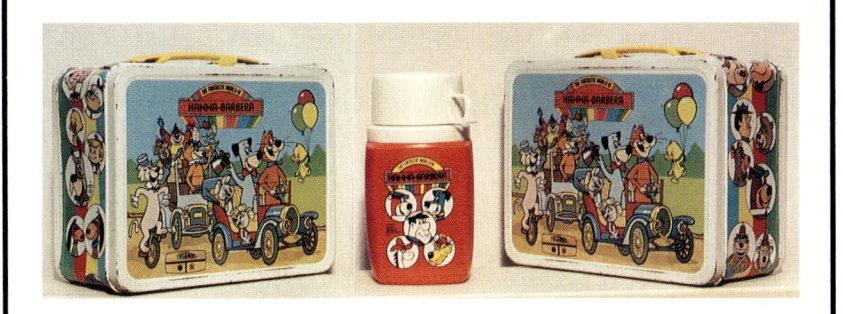

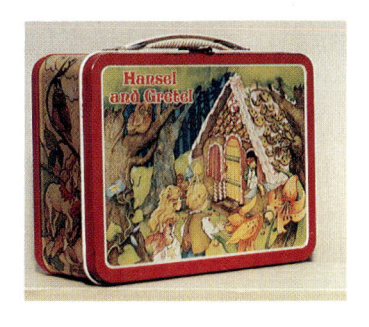

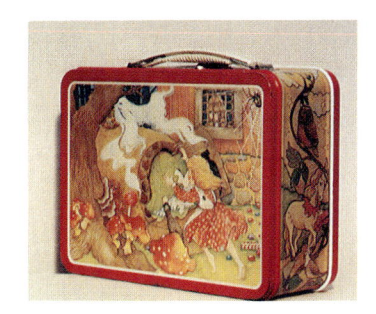

164

165

166

167

168

56

169

170

171

57

172

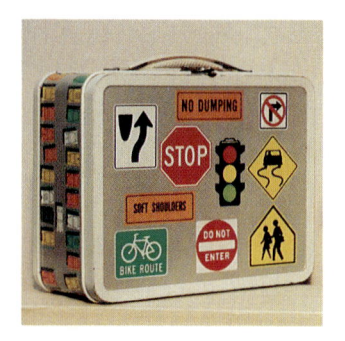

173

174

58

175

176

177

59

178

179

180

60

181

182

183

61

184

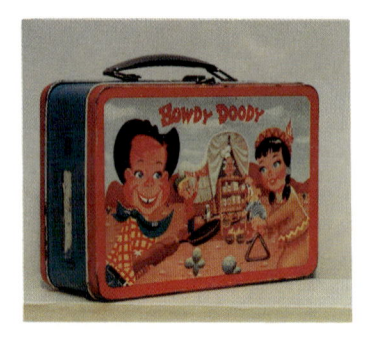

185

186

62

187

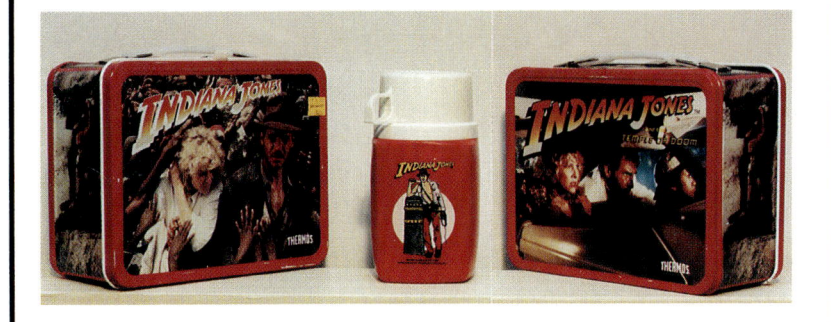

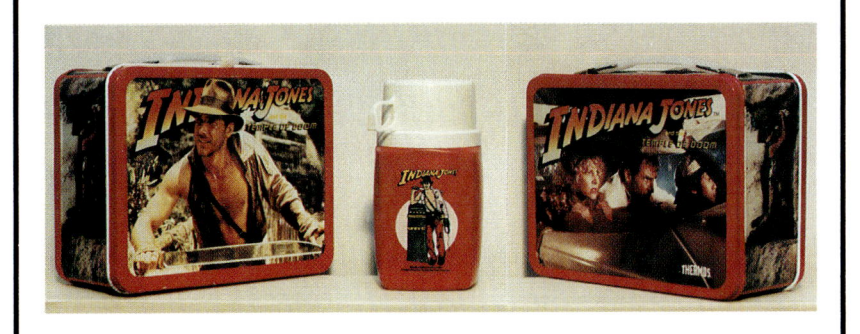

188

189

63

190

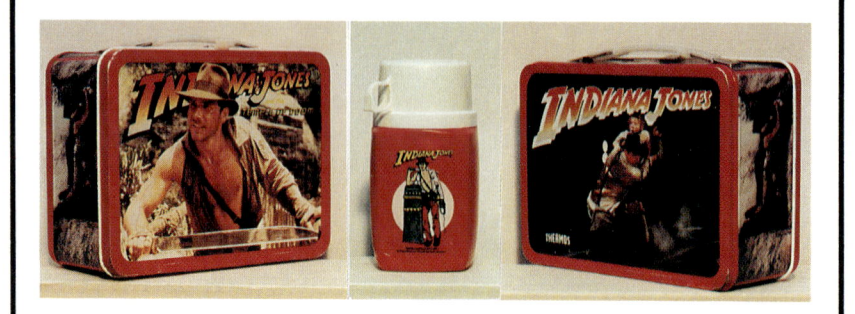

191

192

64

193

194

195

65

196

197

198

199

200

201

202

203

204

68

205

206

207

69

208

209

210

70

211

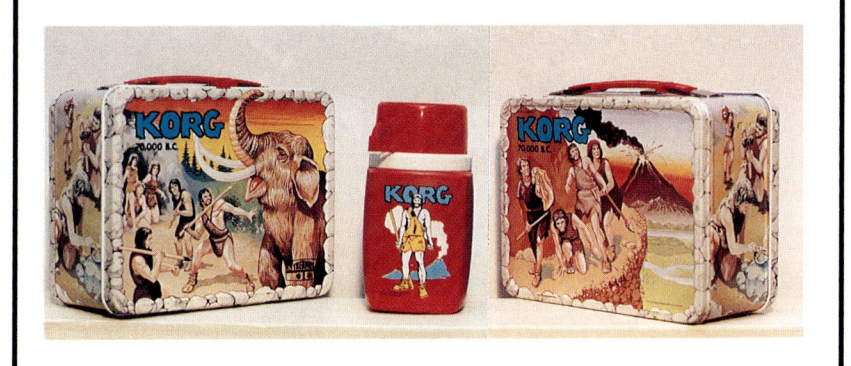

212

213

71

214

215

216

72

217

218

219

73

220

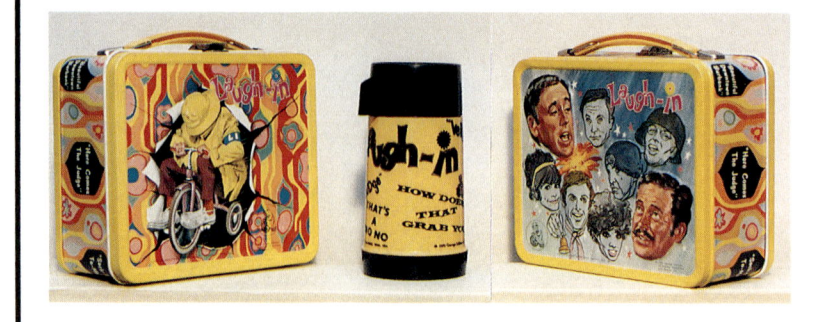

221

222

74

223

224

225

75

226

227

228

229

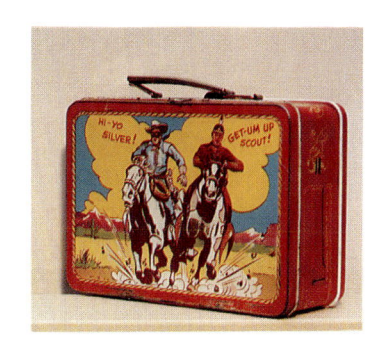

230

231

232

233

234

78

235

236

237

238

239

240

80

241

242

243

244

245

246

82

247

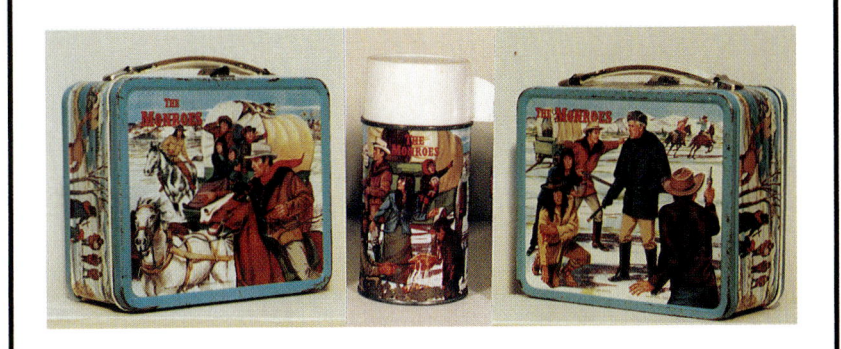

248

249

83

250

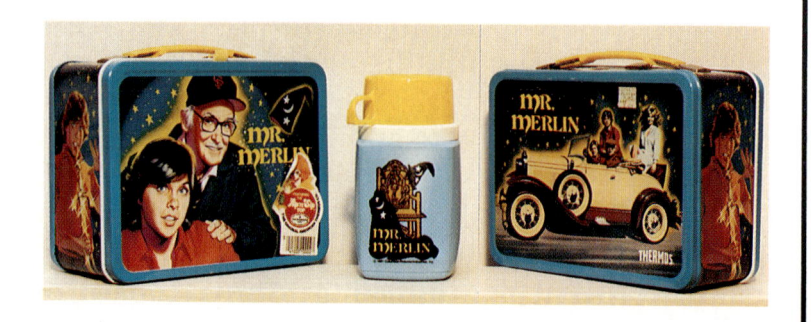

251

252

84

253

254

255

85

256

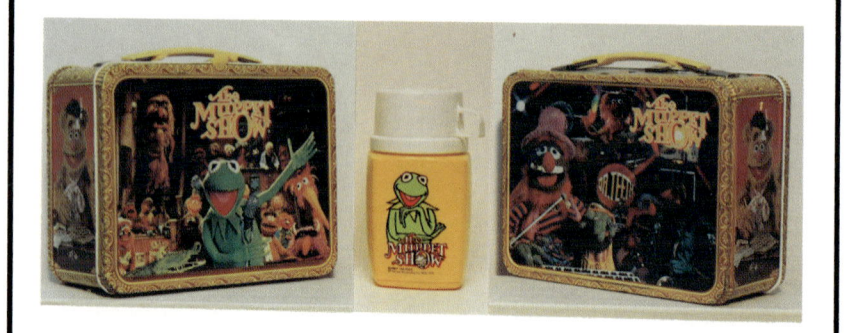

257

258

86

259

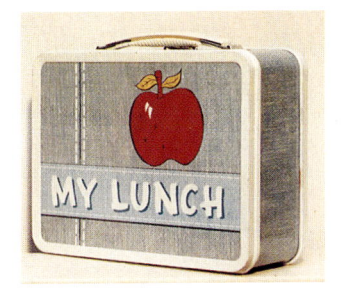

260

261

262

263

264

88

265

266

267

268

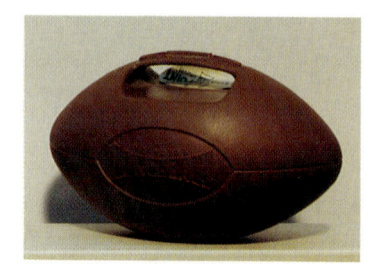

269

270

90

271

272

273

91

274

275

276

92

277

278

279

93

280

281

282

283

284

285

95

286

287

288

96

289

Had 3 different matching thermoses

290

291

97

292

293

294

98

295

296

297

99

298

299

300

100

301

302

303

101

304

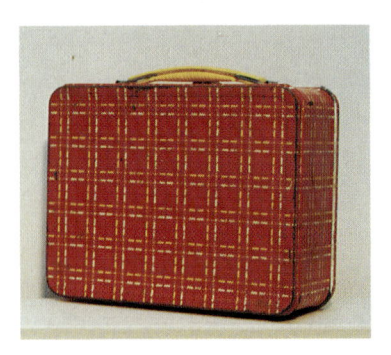

305

306

307

308

309

103

310

311

312

104

313

314

315

105

316

317

318

106

319

320

321

322

323

324

108

325

326

327

109

328

329

330

110

331

332

333

111

334

335

336

112

337

338

339

113

340

341

342

114

343

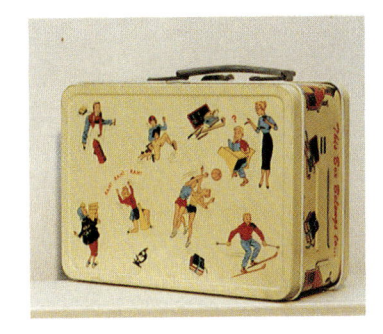

344

345

346

347

348

116

349

350

351

352

353

354

355

356

357

119

358

359

360

120

361

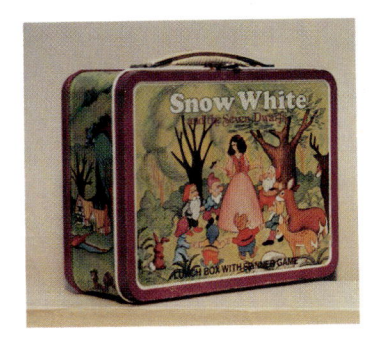

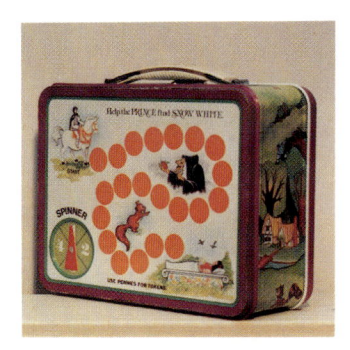

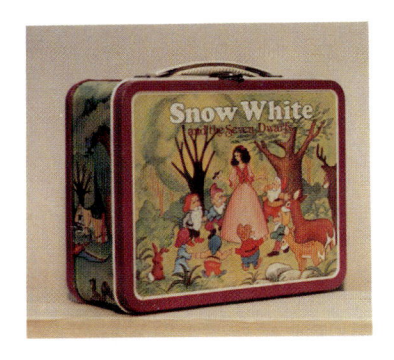

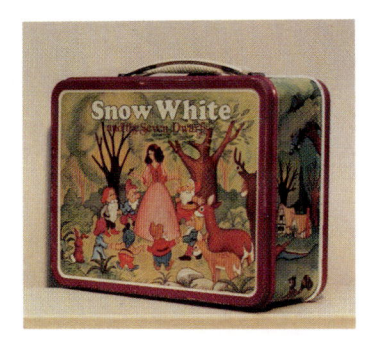

362

363

121

364

365

366

122

367

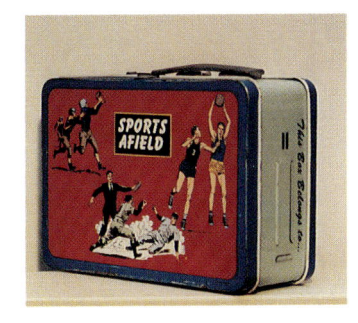

368

369

370

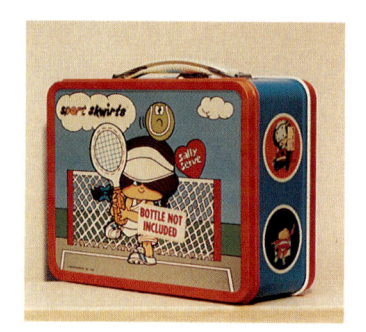

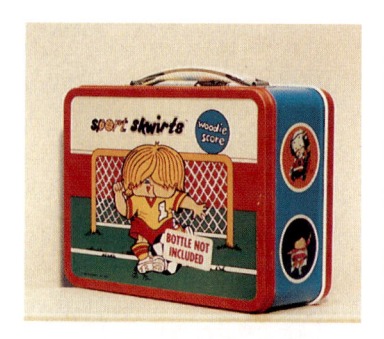

371

372

124

373

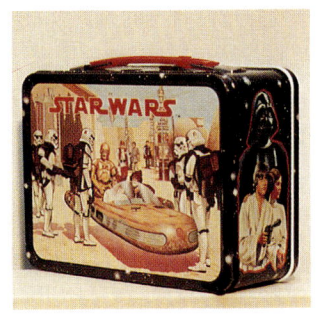

374

375

125

376

377

378

126

379

380

381

382

383

384

128

385

386

387

388

389

390

391

392

393

131

394

395

396

132

397

398

399

133

400

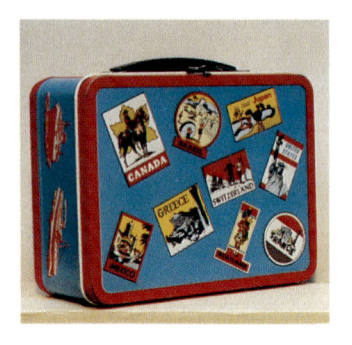

401

402

134

403

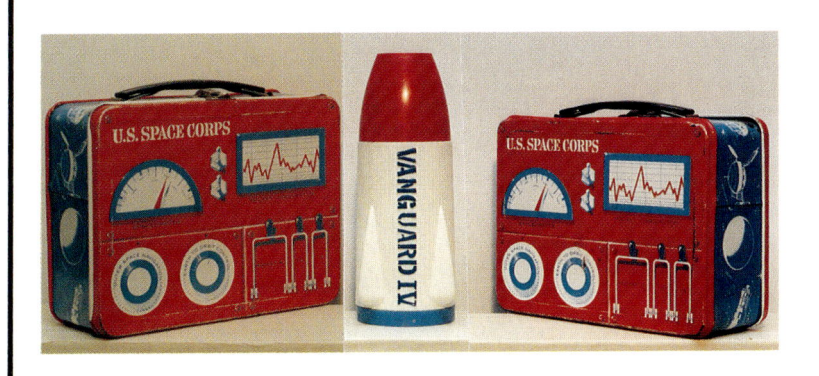

404

405

135

406

407

408

136

409

410

411

137

412

413

414

138

415

416

417

418

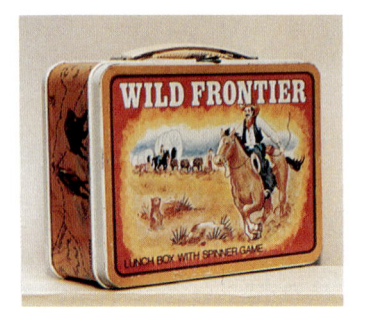

419

420

140

421

422

423

141

424

425

426

142

427

428

143

Variations

141E

173E

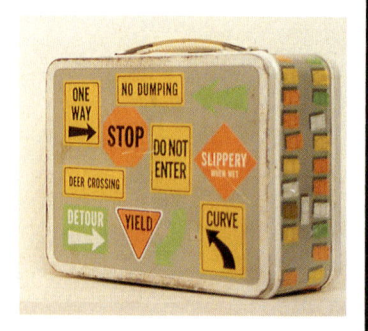

318E

Domes

1

2

3

145

Domes

4

5

6

Domes

7

8

9

147

Domes

10

11

12

Had 5 different matching thermoses

148

Domes

13

With Jiminy Cricket getting off of the bus.

14

15

149

Domes

16

17

18

Domes

19

20

21

151

Domes

22

23

24

152

Domes

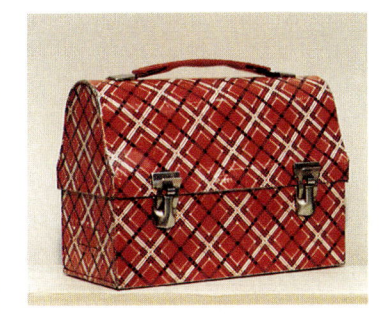

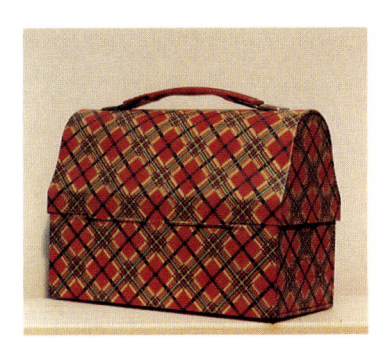

25

26

27

153

Domes

28

29

30

154

Domes

31

32

33

Snoopy has red cup in hand.

155

Domes

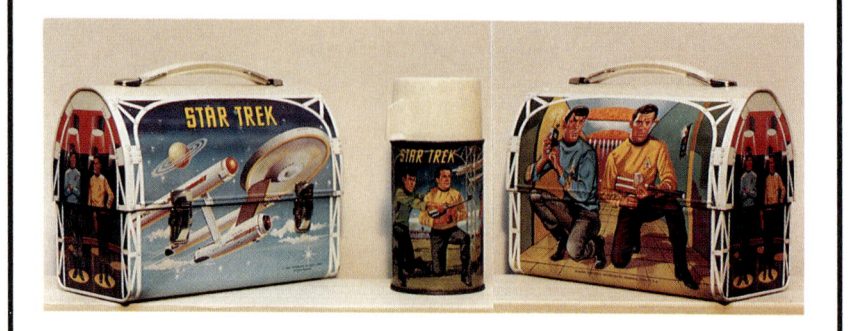

34

35

36

Domes

37

38

39

Domes

40

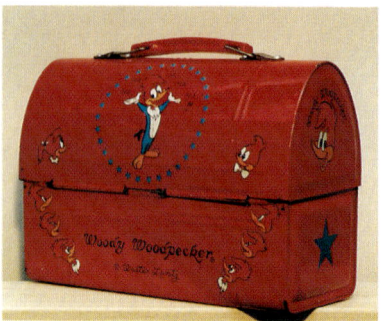

41

Came Inside #41 Kit

158

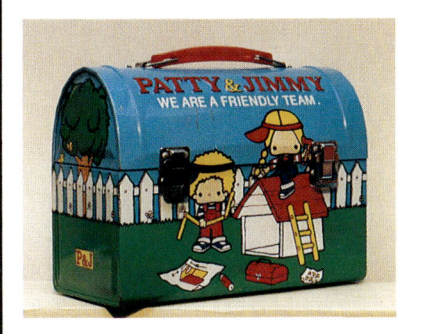

Japanese Lunch Kits

1

2

3

159

Japanese Lunch Kits

4

5

6

160

Japanese Lunch Kits

7

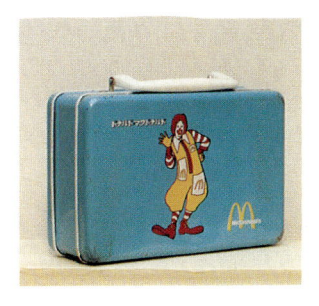

8

9

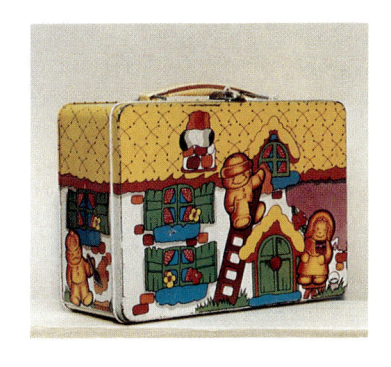

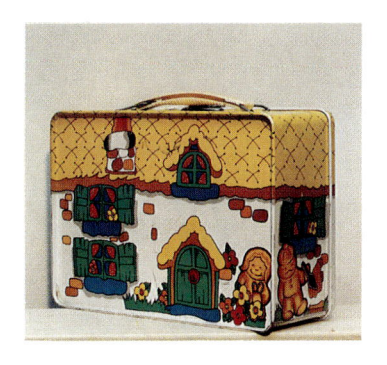

161

Old Lunch Boxes

1

2

3

Old Lunch Boxes

4

5

6

163

Old Lunch Boxes

7

8

9

Old Lunch Boxes

10.

11.

12.

Old Lunch Boxes

13

14

15

Old Lunch Boxes

16

17

18

167

Old Lunch Boxes

19

20

21

Old Lunch Boxes

22

23

24

Old Lunch Boxes

25

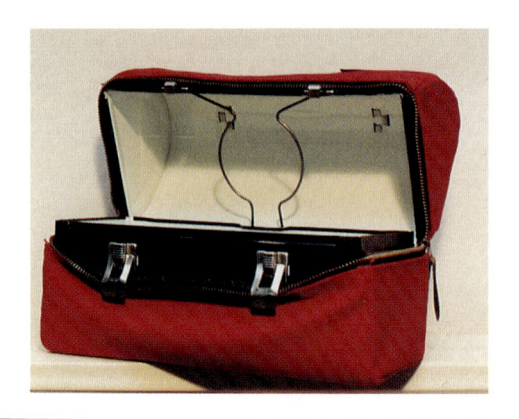

26

27

170

Old Lunch Boxes

28

29

30

171

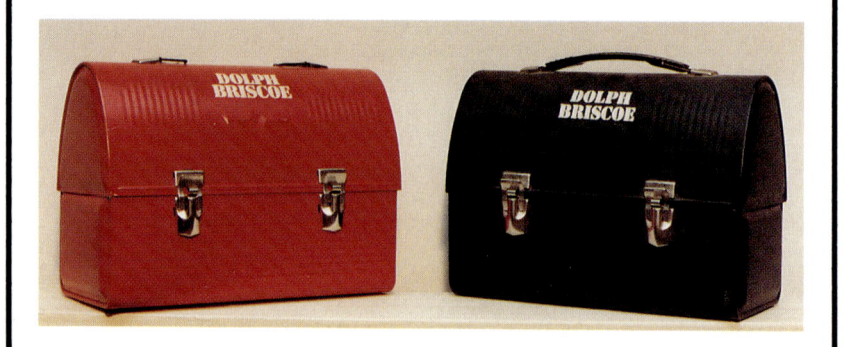

Old Lunch Boxes

31

32

33

Thermos

1
2
3
4

5
6
7
8

173

Thermos

9 10 11 12

13 14 15 16

174

Thermos

17   18   19   20

21

175

Late Additions

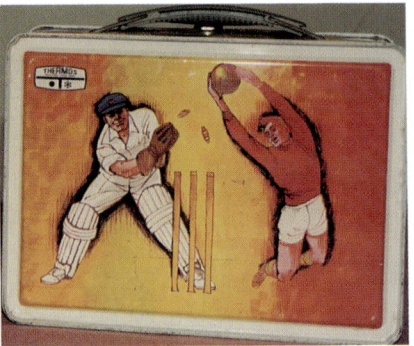

F1

F2

176

Variations

147E

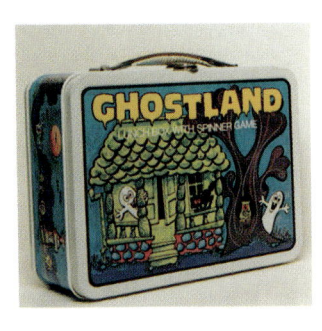

418E

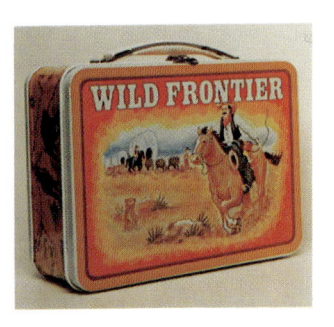

13MD

With one of the Three Little Pigs getting off of the bus.

Variations

33MD

New Additions

314A

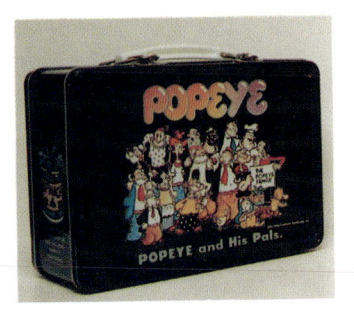

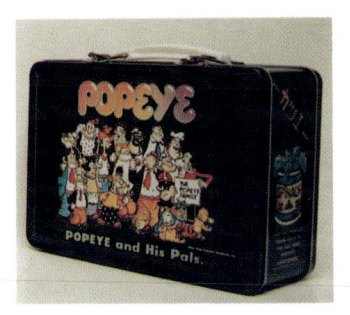

329A

341A

179

New Additions

(381A)

(178A)

THE ULTIMATE BOX
This 1949 Hopalong Cassidy lunch box & thermos is a water color prototype by artist Robert O. Burton. This lunch box was the start of the childrens metal lunch box era.

When Aladdin made its move from Chicago to Nashville, the box had been placed in a locked security cage and forgotten about until 1985. A construction worker was told to haul off the security cage and its contents. While throwing out the contents, the worker came across the Hopalong Cassidy lunch box. He was given permission to keep the box, so off to his home it went.

In 1993 the box was purchased by Larry Aikins. It is the pride of his collection.

HOW TO USE THE COLLECTOR'S
INDEX, PRICE GUIDE AND INVENTORY PAGE

Item # is the number of kit in book.
$$ Column - Top is Lunch Box Current Value, Bottom is Thermos
Price Log Column-how much collector has invested in kit & thermos
Rarity is on a scale of 1 - 10 with 10 being the most difficult to find.
Thermos Type -   G=Generic   M=Matching
                 S=Steel   P=Plastic   Price Log

Item # - Name of Lunch Box				$$	Condition Lunch Box
Year Maker Thermos Type			Rarity	$$	Condition Thermos

*** Current Values of Boxes and Thermoses are based on Excellent
       (Grade 8) condition.

SAMPLE BELOW:

Collector has Tom Corbett in a grade 7 box with his cost at $250.
He has the Tom Corbett thermos in a grade 4 with his cost at $60.
He has no Toppie box or thermos.
He has Transformers box and thermos both grade 8, total cost $5.
Traveler Blue did not come with thermos.

396 - Tom Corbett Litho				460	~~1 2 3 4 5 6 7~~ 8 9 0	$250
54	AL	M/S	R-7	140	~~1 2 3 4~~ 5 6 7 8 9 0	$60
397 - Toppie				1600	1 2 3 4 5 6 7 8 9 0	
57	AT	M/S	R-10	750	1 2 3 4 5 6 7 8 9 0	
398 - Track King				260	~~1 2 3 4~~ 5 6 7 8 9 0	$150
75	OK	M/S	R-8	180	~~1 2 3 4 5 6 7 8~~ 9 0	$90
399 - Transformers				12	1 2 3 4 5 6 7 8 9 0	$5
86	AL	M/P	R-1	6	1 2 3 4 5 6 7 8 9 0	Total
400 - Traveler Blue				95	1 2 3 4 5 6 7 8 9 0	$60
62	OA		R-6		1 2 3 4 5 6 7 8 9 0	

Grading Your Lunch Boxes & Thermoses

	Grade
Terrible	1 - Rusted or painted beyond recognition
Bad	2 - Heavy rust, fading, dents, no handle, bad inside
Poor	3 - Neither side is good for display
Fair	4 - Only one side good for display
Good	5 - Heavy wear on both sides, dents, light rust inside
Very Good	6 - More than normal spot & rim wear, large dents, metal next to latch broken
Fine	7 - Normal rim & spot wear, small dents, light rust & feels dry
Excellent	8 - Minor high edge wear, spot wear, light scratches & rust stains
Near Mint	9 - Very little wear, surface has wet look, feels slick
Mint	10 - Store stock new w/original price tags
Pristine	10++ - From a case, never in a store, has NO flaws or shelf wear, absolutely pristine.

Abbreviations for Manufacturers

AD - Adco Liberty
AL - Aladdin Industries
AT - American Thermos
CC - Continental Can
HT - Holtemp
KST - King Seeley Thermos
K - Kruger
OA - Ohio Art
OK - Okay Industries
UN - Universal

Color Abbreviations

Br - Brown
R - Red
Gr - Green

S - Silver
B - Blue

Metal Lunch Boxes

1 - 18 Wheeler 78　　AL　　M/P　　R-5	80 40	1 2 3 4 5 6 7 8 9 0 1 2 3 4 5 6 7 8 9 0	
2 - 240 Robert 78　　AL　　　　　R-10	1800	1 2 3 4 5 6 7 8 9 0 1 2 3 4 5 6 7 8 9 0	
3 - A-Team 85　　KST　　M/P　　R-3	40 20	1 2 3 4 5 6 7 8 9 0 1 2 3 4 5 6 7 8 9 0	
4 - Action Jackson 73　　OK　　M/S　　R-9	550 210	1 2 3 4 5 6 7 8 9 0 1 2 3 4 5 6 7 8 9 0	
5 - Adam-12 73　　AL　　M/P　　R-5	120 55	1 2 3 4 5 6 7 8 9 0 1 2 3 4 5 6 7 8 9 0	
6 - Addams Family 74　　KST　　M/P　　R-6	110 45	1 2 3 4 5 6 7 8 9 0 1 2 3 4 5 6 7 8 9 0	
7 - Airline (National) 68　　OA　　　　　R-6	110	1 2 3 4 5 6 7 8 9 0 1 2 3 4 5 6 7 8 9 0	
8 - All American 54　　UN　　G/S　　R-8	385 50	1 2 3 4 5 6 7 8 9 0 1 2 3 4 5 6 7 8 9 0	
9 - America On Parade 76　　AL　　M/P　　R-4	55 35	1 2 3 4 5 6 7 8 9 0 1 2 3 4 5 6 7 8 9 0	
10 - Americana 58　　AT　　M/S　　R-9	460 100	1 2 3 4 5 6 7 8 9 0 1 2 3 4 5 6 7 8 9 0	
11 - Animal Friends (Yellow) 78　　OA　　　　　R-2	35	1 2 3 4 5 6 7 8 9 0 1 2 3 4 5 6 7 8 9 0	
12 - Animal Friends (Red) 78　　OA　　　　　R-2	35	1 2 3 4 5 6 7 8 9 0 1 2 3 4 5 6 7 8 9 0	
13 - Annie 82　　AL　　M/P　　R-3	35 15	1 2 3 4 5 6 7 8 9 0 1 2 3 4 5 6 7 8 9 0	
14 - Annie Oakley & Tagg 55　　AL　　M/S　　R-7	320 130	1 2 3 4 5 6 7 8 9 0 1 2 3 4 5 6 7 8 9 0	
15 - Apple's Way 75　　KST　　M/P　　R-6	85 35	1 2 3 4 5 6 7 8 9 0 1 2 3 4 5 6 7 8 9 0	
16 - Archies 69　　AL　　M/P　　R-6	120 55	1 2 3 4 5 6 7 8 9 0 1 2 3 4 5 6 7 8 9 0	

Metal Lunch Boxes

#	Item	Year	Mfr	Type	Rarity	Price High	Price Low	Checklist
17	Astronauts	69	AL	M/P	R-6	130	60	1 2 3 4 5 6 7 8 9 0 / 1 2 3 4 5 6 7 8 9 0
18	Atom Ant	66	KST	M/S	R-7	180	110	1 2 3 4 5 6 7 8 9 0 / 1 2 3 4 5 6 7 8 9 0
19	Auto Race	67	KST	M/S	R-6	85	40	1 2 3 4 5 6 7 8 9 0 / 1 2 3 4 5 6 7 8 9 0
20	Back in 76	75	AL	M/P	R-4	75	30	1 2 3 4 5 6 7 8 9 0 / 1 2 3 4 5 6 7 8 9 0
21	Basketweave	68	OA		R-4	40		1 2 3 4 5 6 7 8 9 0 / 1 2 3 4 5 6 7 8 9 0
22	Batman	66	AL	M/S	R-6	180	120	1 2 3 4 5 6 7 8 9 0 / 1 2 3 4 5 6 7 8 9 0
23	Battle Kit	65	KST	M/S	R-5	120	75	1 2 3 4 5 6 7 8 9 0 / 1 2 3 4 5 6 7 8 9 0
24	Battle of the Planets	79	KST	M/P	R-4	80	35	1 2 3 4 5 6 7 8 9 0 / 1 2 3 4 5 6 7 8 9 0
25	Battle Star Galactica	78	AL	M/P	R-4	80	35	1 2 3 4 5 6 7 8 9 0 / 1 2 3 4 5 6 7 8 9 0
26	Beatles	66	AL	M/S	R-7	575	285	1 2 3 4 5 6 7 8 9 0 / 1 2 3 4 5 6 7 8 9 0
27	Bedknobs & Broomsticks	72	AL	M/P, G/P	R-4	60	45, 15	1 2 3 4 5 6 7 8 9 0 / 1 2 3 4 5 6 7 8 9 0 / 1 2 3 4 5 6 7 8 9 0
28	Bee Gees (Maurice)	78	KST	M/P	R-5	110	45	1 2 3 4 5 6 7 8 9 0 / 1 2 3 4 5 6 7 8 9 0
29	Bee Gees (Barry)	78	KST	M/P	R-5	110	45	1 2 3 4 5 6 7 8 9 0 / 1 2 3 4 5 6 7 8 9 0
30	Bee Gees (Robin)	78	KST	M/P	R-5	130	45	1 2 3 4 5 6 7 8 9 0 / 1 2 3 4 5 6 7 8 9 0
31	Berenstain Bears	83	AT	M/P	R-4	40	20	1 2 3 4 5 6 7 8 9 0 / 1 2 3 4 5 6 7 8 9 0
32	Betsy Clark (Blue)	76	KST	M/P	R-3	45	20	1 2 3 4 5 6 7 8 9 0 / 1 2 3 4 5 6 7 8 9 0

Metal Lunch Boxes

33 - Betsy Clark (Yellow) 76 KST M/P R-3	45 20	1 2 3 4 5 6 7 8 9 0 1 2 3 4 5 6 7 8 9 0	
34 - Beverly Hillbillies 63 AL M/S R-6	160 90	1 2 3 4 5 6 7 8 9 0 1 2 3 4 5 6 7 8 9 0	
35 - Bionic Woman (W/Car) 77 AL M/P R-5	75 40	1 2 3 4 5 6 7 8 9 0 1 2 3 4 5 6 7 8 9 0	
36 - Bionic Woman (W/Dog) 78 AL M/P R-5	75 40	1 2 3 4 5 6 7 8 9 0 1 2 3 4 5 6 7 8 9 0	
37 - Black Hole 79 AL M/P R-5	85 40	1 2 3 4 5 6 7 8 9 0 1 2 3 4 5 6 7 8 9 0	
38 - Blondie 69 KST M/S R-6	160 110	1 2 3 4 5 6 7 8 9 0 1 2 3 4 5 6 7 8 9 0	
39 - Boating 59 AT M/S R-7	375 125	1 2 3 4 5 6 7 8 9 0 1 2 3 4 5 6 7 8 9 0	
40 - Bobby Sherman 72 KST M/S R-6	120 70	1 2 3 4 5 6 7 8 9 0 1 2 3 4 5 6 7 8 9 0	
41 - Bonanza (Green) 63 AL M/S R-6	210 90	1 2 3 4 5 6 7 8 9 0 1 2 3 4 5 6 7 8 9 0	
42 - Bonanza (Brown) 65 AL M/S R-6	180 80	1 2 3 4 5 6 7 8 9 0 1 2 3 4 5 6 7 8 9 0	
43 - Bonanza (Black) 68 AL M/S R-8	240 110	1 2 3 4 5 6 7 8 9 0 1 2 3 4 5 6 7 8 9 0	
44 - Bond XX 67 OA R-6	140	1 2 3 4 5 6 7 8 9 0 1 2 3 4 5 6 7 8 9 0	
45 - Bond XX w/Secret Agent 69 OA R-8	240	1 2 3 4 5 6 7 8 9 0	
46 - Boston Bruins 73 OK M/S R-8	425 220	1 2 3 4 5 6 7 8 9 0 1 2 3 4 5 6 7 8 9 0	
47 - Brady Bunch 70 KST M/S R-7	340 160	1 2 3 4 5 6 7 8 9 0 1 2 3 4 5 6 7 8 9 0	
48 - Brave Eagle (Red Band) 57 AT M/S R-7	260 120	1 2 3 4 5 6 7 8 9 0 1 2 3 4 5 6 7 8 9 0	

Metal Lunch Boxes

49 - Brave Eagle (Green Band) 57　　AT　　M/S　　R-7	260 120	1 2 3 4 5 6 7 8 9 0 1 2 3 4 5 6 7 8 9 0	
50 - Brave Eagle (Blue Band) 57　　AT　　M/S　　R-7	260 120	1 2 3 4 5 6 7 8 9 0 1 2 3 4 5 6 7 8 9 0	
51 - Buck Rogers 79　　AL　　M/P　　R-5	85 35	1 2 3 4 5 6 7 8 9 0 1 2 3 4 5 6 7 8 9 0	
52 - Bugaloos 71　　AL　　M/P　　R-6	150 90	1 2 3 4 5 6 7 8 9 0 1 2 3 4 5 6 7 8 9 0	
53 - Bullwinkle & Rocky 62　　UN　　M/S　　R-8	950 400	1 2 3 4 5 6 7 8 9 0 1 2 3 4 5 6 7 8 9 0	
54 - Cabbage Patch Kids 84　　KST　　M/P　　R-2	20 12	1 2 3 4 5 6 7 8 9 0 1 2 3 4 5 6 7 8 9 0	
55 - Campbell Kids 59　　AT　　G/S　　R-7 　　　　　　M/S	280 40 180	1 2 3 4 5 6 7 8 9 0 1 2 3 4 5 6 7 8 9 0 1 2 3 4 5 6 7 8 9 0	
56 - Campus Queen 67　　KST　　M/S　　R-5	110 65	1 2 3 4 5 6 7 8 9 0 1 2 3 4 5 6 7 8 9 0	
57 - Canadian Train 70　　OA　　　　　R-4	65	1 2 3 4 5 6 7 8 9 0 1 2 3 4 5 6 7 8 9 0	
58 - Captain Astro 66　　OA　　　　　R-7	325	1 2 3 4 5 6 7 8 9 0 1 2 3 4 5 6 7 8 9 0	
59 - Care Bear Cousins 85　　AL　　M/P　　R-2	15 10	1 2 3 4 5 6 7 8 9 0 1 2 3 4 5 6 7 8 9 0	
60 - Care Bears 84　　AL　　M/P　　R-2	25 10	1 2 3 4 5 6 7 8 9 0 1 2 3 4 5 6 7 8 9 0	
61 - Carnival 59　　UN　　M/S　　R-8	550 250	1 2 3 4 5 6 7 8 9 0 1 2 3 4 5 6 7 8 9 0	
62 - Cartoon Zoo 63　　UN　　M/S　　R-7	320 150	1 2 3 4 5 6 7 8 9 0 1 2 3 4 5 6 7 8 9 0	
63 - Chan Clan 73　　KST　　M/P　　R-6	160 45	1 2 3 4 5 6 7 8 9 0 1 2 3 4 5 6 7 8 9 0	
64 - Charlie's Angels 78　　AL　　M/P　　R-6	140 60	1 2 3 4 5 6 7 8 9 0 1 2 3 4 5 6 7 8 9 0	

Metal Lunch Boxes

65 - Chavo 79 AL M/P R-6	140 70	1 2 3 4 5 6 7 8 9 0 1 2 3 4 5 6 7 8 9 0	
66 - Children (Blue) 74 OK G/P R-7	160 30	1 2 3 4 5 6 7 8 9 0 1 2 3 4 5 6 7 8 9 0	
67 - Children (Yellow) 74 OK G/P R-8	210 30	1 2 3 4 5 6 7 8 9 0 1 2 3 4 5 6 7 8 9 0	
68 - Chitty Chitty Bang Bang 69 KST M/S R-6	160 75	1 2 3 4 5 6 7 8 9 0 1 2 3 4 5 6 7 8 9 0	
69 - Clash of the Titans 81 KST M/P R-4	80 40	1 2 3 4 5 6 7 8 9 0 1 2 3 4 5 6 7 8 9 0	
70 - Close Encounters 78 KST M/P (Yellow) R-5 M/P (Orange)	110 40 45	1 2 3 4 5 6 7 8 9 0 1 2 3 4 5 6 7 8 9 0 1 2 3 4 5 6 7 8 9 0	
71 - Col. Ed McCauley 60 AL M/S R-8	385 150	1 2 3 4 5 6 7 8 9 0 1 2 3 4 5 6 7 8 9 0	
72 - Colonial Bread Van 84 M/P R-5	60 30	1 2 3 4 5 6 7 8 9 0 1 2 3 4 5 6 7 8 9 0	
73 - Color Me Happy 84 OA R-6	140	1 2 3 4 5 6 7 8 9 0 1 2 3 4 5 6 7 8 9 0	
74 - Corsage 58 AT M/S R-4	50 40	1 2 3 4 5 6 7 8 9 0 1 2 3 4 5 6 7 8 9 0	
75 - Corsage 63 AT M/S R-4	50 40	1 2 3 4 5 6 7 8 9 0 1 2 3 4 5 6 7 8 9 0	
76 - Corsage 64 AT M/S R-4	45 30	1 2 3 4 5 6 7 8 9 0 1 2 3 4 5 6 7 8 9 0	
77 - Corsage 70 AT M/S R-4	45 30	1 2 3 4 5 6 7 8 9 0 1 2 3 4 5 6 7 8 9 0	
78 - Cowboy in Africa 68 KST M/S R-7	190 75	1 2 3 4 5 6 7 8 9 0 1 2 3 4 5 6 7 8 9 0	
79 - Crabtree & Evelyn 85 France R-5	60	1 2 3 4 5 6 7 8 9 0 1 2 3 4 5 6 7 8 9 0	
80 - Cracker Jack 79 AL M/P R-5	80 30	1 2 3 4 5 6 7 8 9 0 1 2 3 4 5 6 7 8 9 0	

Metal Lunch Boxes

# - Name	Year	Mat	Type	Rarity	Price	
81 - Curiosity Shop	72	KST	M/S	R-4	65 / 40	1 2 3 4 5 6 7 8 9 0 / 1 2 3 4 5 6 7 8 9 0
82 - Cyclist	79	AL	M/P	R-4	50 / 35	1 2 3 4 5 6 7 8 9 0 / 1 2 3 4 5 6 7 8 9 0
83 - Daniel Boone	55	AL	M/S	R-8	360 / 125	1 2 3 4 5 6 7 8 9 0 / 1 2 3 4 5 6 7 8 9 0
84 - Daniel Boone	65	AL	M/S	R-6	180 / 90	1 2 3 4 5 6 7 8 9 0 / 1 2 3 4 5 6 7 8 9 0
85 - Dark Crystal	82	KST	M/P	R-3	30 / 20	1 2 3 4 5 6 7 8 9 0 / 1 2 3 4 5 6 7 8 9 0
86 - Davy Crockett	55	HT	M/S	R-6	210 / 110	1 2 3 4 5 6 7 8 9 0 / 1 2 3 4 5 6 7 8 9 0
87 - Davy Crockett	55	K		R-7	340	1 2 3 4 5 6 7 8 9 0 / 1 2 3 4 5 6 7 8 9 0
88 - Davy Crockett Indian	55	AD	M/S	R-9	420 / 2200	1 2 3 4 5 6 7 8 9 0 / 1 2 3 4 5 6 7 8 9 0
89 - Davy Crockett/Kit Carson	55	AD		R-7	280	1 2 3 4 5 6 7 8 9 0 / 1 2 3 4 5 6 7 8 9 0
90 - Davy Crockett/Kit Carson	55	AD		R-7	280	1 2 3 4 5 6 7 8 9 0 / 1 2 3 4 5 6 7 8 9 0
91 - Debutante	58	AL	M/S	R-6	90 / 60	1 2 3 4 5 6 7 8 9 0 / 1 2 3 4 5 6 7 8 9 0
92 - Dick Tracy	67	AL	M/S	R-6	180 / 110	1 2 3 4 5 6 7 8 9 0 / 1 2 3 4 5 6 7 8 9 0
93 - Disco	79	AL	M/P	R-5	110 / 45	1 2 3 4 5 6 7 8 9 0 / 1 2 3 4 5 6 7 8 9 0
94 - Disco Fever	80	AL	M/P	R-5	140 / 40	1 2 3 4 5 6 7 8 9 0 / 1 2 3 4 5 6 7 8 9 0
95 - Disney Express	79	AL	M/P	R-2	30 / 10	1 2 3 4 5 6 7 8 9 0 / 1 2 3 4 5 6 7 8 9 0
96 - Disney on Parade	70	AL	M/P	R-4	55 / 40	1 2 3 4 5 6 7 8 9 0 / 1 2 3 4 5 6 7 8 9 0

Metal Lunch Boxes

97 - Disney World 70 AL M/P R-2	30 20	1 2 3 4 5 6 7 8 9 0 1 2 3 4 5 6 7 8 9 0	
98 - Disney World 50th 76 AL M/P R-3	40 20	1 2 3 4 5 6 7 8 9 0 1 2 3 4 5 6 7 8 9 0	
99 - Disney World 50th (Light Rim) 76 AL M/P R-6	50 20	1 2 3 4 5 6 7 8 9 0 1 2 3 4 5 6 7 8 9 0	
100 - Disneyland (Castle) 57 AL M/S R-6	200 110	1 2 3 4 5 6 7 8 9 0 1 2 3 4 5 6 7 8 9 0	
101 - Disneyland (Monorail) 60 AL M/S R-6	230 130	1 2 3 4 5 6 7 8 9 0 1 2 3 4 5 6 7 8 9 0	
102 - Doctor Dolittle 68 AL M/S R-6	140 70	1 2 3 4 5 6 7 8 9 0 1 2 3 4 5 6 7 8 9 0	
103 - Double Decker 70 AL M/P R-4	60 45	1 2 3 4 5 6 7 8 9 0 1 2 3 4 5 6 7 8 9 0	
104 - Dr. Seuss 70 AL M/P R-6	180 90	1 2 3 4 5 6 7 8 9 0 1 2 3 4 5 6 7 8 9 0	
105 - Drag Strip 75 AL M/P R-5	70 40	1 2 3 4 5 6 7 8 9 0 1 2 3 4 5 6 7 8 9 0	
106 - Dragon's Lair 83 AL M/P R-4	40 25	1 2 3 4 5 6 7 8 9 0 1 2 3 4 5 6 7 8 9 0	
107 - Duchess 60 AL M/S R-6	85 35	1 2 3 4 5 6 7 8 9 0 1 2 3 4 5 6 7 8 9 0	
108 - Dudley Do-Right 62 UN M/S R-8	950 400	1 2 3 4 5 6 7 8 9 0 1 2 3 4 5 6 7 8 9 0	
109 - Dukes of Hazzard 80 AL M/P R-3	55 25	1 2 3 4 5 6 7 8 9 0 1 2 3 4 5 6 7 8 9 0	
110 - Dukes of Hazzard 83 AL M/P R-5	70 25	1 2 3 4 5 6 7 8 9 0 1 2 3 4 5 6 7 8 9 0	
111 - Dynomutt 77 KST M/P R-4	45 20	1 2 3 4 5 6 7 8 9 0 1 2 3 4 5 6 7 8 9 0	
112 - E.T. 82 AL M/P (Sad) R-2 M/P (Happy)	30 10 15	1 2 3 4 5 6 7 8 9 0 1 2 3 4 5 6 7 8 9 0 1 2 3 4 5 6 7 8 9 0	

Metal Lunch Boxes

113 - Early West (Indian) 82 OA R-5	120	1 2 3 4 5 6 7 8 9 0 1 2 3 4 5 6 7 8 9 0
114 - Early West (Oregon) 82 OA R-5	110	1 2 3 4 5 6 7 8 9 0 1 2 3 4 5 6 7 8 9 0
115 - Early West (Pony) 82 OA R-5	110	1 2 3 4 5 6 7 8 9 0 1 2 3 4 5 6 7 8 9 0
116 - El Chapulin Colorado 79 AL M/P R-6	70 45	1 2 3 4 5 6 7 8 9 0 1 2 3 4 5 6 7 8 9 0
117 - Emergency 73 AL M/P R-6	140 80	1 2 3 4 5 6 7 8 9 0 1 2 3 4 5 6 7 8 9 0
118 - Empire Strikes Back (Ship) 80 KST M/P R-5	50 25	1 2 3 4 5 6 7 8 9 0 1 2 3 4 5 6 7 8 9 0
119 - Empire Strikes Back (Swamp) 81 KST M/P R-5	50 25	1 2 3 4 5 6 7 8 9 0 1 2 3 4 5 6 7 8 9 0
120 - Evil Knievel 74 AL M/P R-5	125 45	1 2 3 4 5 6 7 8 9 0 1 2 3 4 5 6 7 8 9 0
121 - Exciting World of Metrics 76 KST M/P R-4	40 25	1 2 3 4 5 6 7 8 9 0 1 2 3 4 5 6 7 8 9 0
122 - Fall Guy 81 AL M/P R-3	40 20	1 2 3 4 5 6 7 8 9 0 1 2 3 4 5 6 7 8 9 0
123 - Family Affair 69 KST M/S R-5	110 45	1 2 3 4 5 6 7 8 9 0 1 2 3 4 5 6 7 8 9 0
124 - Fat Albert 73 KST M/P(Orange) R-4 M/P (Brown)	60 25 25	1 2 3 4 5 6 7 8 9 0 1 2 3 4 5 6 7 8 9 0 1 2 3 4 5 6 7 8 9 0
125 - Fess Parker 65 KST M/S R-7	180 90	1 2 3 4 5 6 7 8 9 0 1 2 3 4 5 6 7 8 9 0
126 - Fireball XL5 64 KST M/S R-6	185 110	1 2 3 4 5 6 7 8 9 0 1 2 3 4 5 6 7 8 9 0
127 - Flag 73 OA R-5	90	1 2 3 4 5 6 7 8 9 0 1 2 3 4 5 6 7 8 9 0
128 - Flag-O-Rama 54 UN G/S R-8	425 60	1 2 3 4 5 6 7 8 9 0 1 2 3 4 5 6 7 8 9 0

Metal Lunch Boxes

129 - Flintstones & Dino 62 AL M/S R-6	160 90	1 2 3 4 5 6 7 8 9 0 1 2 3 4 5 6 7 8 9 0	
130 - Flintstones 64 AL M/S R-6	180 90	1 2 3 4 5 6 7 8 9 0 1 2 3 4 5 6 7 8 9 0	
131 - Flintstones 71 AL M/P R-5	120 50	1 2 3 4 5 6 7 8 9 0 1 2 3 4 5 6 7 8 9 0	
132 - Flipper 66 KST M/S R-6	170 80	1 2 3 4 5 6 7 8 9 0 1 2 3 4 5 6 7 8 9 0	
133 - Floral 71 OA R-3	40	1 2 3 4 5 6 7 8 9 0 1 2 3 4 5 6 7 8 9 0	
134 - Flying Nun 68 AL M/S R-6	180 90	1 2 3 4 5 6 7 8 9 0 1 2 3 4 5 6 7 8 9 0	
135 - Fox and the Hound 81 AL M/P R-3	25 10	1 2 3 4 5 6 7 8 9 0 1 2 3 4 5 6 7 8 9 0	
136 - Fraggle Rock 84 KST M/P R-3	30 10	1 2 3 4 5 6 7 8 9 0 1 2 3 4 5 6 7 8 9 0	
137 - Fritos 75 KST R-6	120	1 2 3 4 5 6 7 8 9 0 1 2 3 4 5 6 7 8 9 0	
138 - Frontier Days 57 OA R-7	285	1 2 3 4 5 6 7 8 9 0 1 2 3 4 5 6 7 8 9 0	
139 - Frost Flowers 62 OA R-5	75	1 2 3 4 5 6 7 8 9 0 1 2 3 4 5 6 7 8 9 0	
140 - Frost Flowers (W/bows) 62 OA R-5	75	1 2 3 4 5 6 7 8 9 0 1 2 3 4 5 6 7 8 9 0	
141 - Fruit Basket (Gr. Background) 75 OA R-3	35	1 2 3 4 5 6 7 8 9 0 1 2 3 4 5 6 7 8 9 0	
142 - GI Joe 67 KST M/S R-6	140 70	1 2 3 4 5 6 7 8 9 0 1 2 3 4 5 6 7 8 9 0	
143 - GI Joe 82 KST M/P R-4	40 20	1 2 3 4 5 6 7 8 9 0 1 2 3 4 5 6 7 8 9 0	
144 - Gene Autry 54 UN M/S R-7	475 210	1 2 3 4 5 6 7 8 9 0 1 2 3 4 5 6 7 8 9 0	

Metal Lunch Boxes

145 - Gentle Ben
    68   AL   M/P   R-6
                    M/S
	145
	60
	90
		1 2 3 4 5 6 7 8 9 0
		1 2 3 4 5 6 7 8 9 0	

146 - Get Smart 66 KST M/S R-7	210 120	1 2 3 4 5 6 7 8 9 0 1 2 3 4 5 6 7 8 9 0	
147 - Ghostland 77 OA R-3	35	1 2 3 4 5 6 7 8 9 0 1 2 3 4 5 6 7 8 9 0	
148 - Globetrotters (Blue Uniform) 71 KST M/S R-4	45 45	1 2 3 4 5 6 7 8 9 0 1 2 3 4 5 6 7 8 9 0	
149 - Globetrotters (Purple Uniform) 71 KST M/S R-4	45 45	1 2 3 4 5 6 7 8 9 0 1 2 3 4 5 6 7 8 9 0	
150 - Gomer Pyle 66 AL M/S R-7	210 130	1 2 3 4 5 6 7 8 9 0 1 2 3 4 5 6 7 8 9 0	
151 - Goober and the Ghostchasers 74 KST M/P R-3	45 20	1 2 3 4 5 6 7 8 9 0 1 2 3 4 5 6 7 8 9 0	
152 - Great Wild West 59 UN M/S R-8	475 225	1 2 3 4 5 6 7 8 9 0 1 2 3 4 5 6 7 8 9 0	
153 - Green Hornet 67 KST M/S R-7	380 200	1 2 3 4 5 6 7 8 9 0 1 2 3 4 5 6 7 8 9 0	
154 - Gremlins 84 AL M/P R-1	30 15	1 2 3 4 5 6 7 8 9 0 1 2 3 4 5 6 7 8 9 0	
155 - Guns of Will Sonnett 68 KST M/S R-6	180 110	1 2 3 4 5 6 7 8 9 0 1 2 3 4 5 6 7 8 9 0	
156 - Gunsmoke (W/Double LLs) 59 AL M/S R-8	585 110	1 2 3 4 5 6 7 8 9 0 1 2 3 4 5 6 7 8 9 0	
157 - Gunsmoke 59 AL M/S R-6	225 110	1 2 3 4 5 6 7 8 9 0 1 2 3 4 5 6 7 8 9 0	
158 - Gunsmoke 62 AL M/S R-7	240 95	1 2 3 4 5 6 7 8 9 0 1 2 3 4 5 6 7 8 9 0	
159 - Gunsmoke 72 AL M/P R-6	165 90	1 2 3 4 5 6 7 8 9 0 1 2 3 4 5 6 7 8 9 0	
160 - Gunsmoke 73 AL M/P R-6	165 90	1 2 3 4 5 6 7 8 9 0 1 2 3 4 5 6 7 8 9 0	

Metal Lunch Boxes

161 - H.R. Pufnstuf 70 AL M/P R-6	140 75	1 2 3 4 5 6 7 8 9 0 1 2 3 4 5 6 7 8 9 0	
162 - Hair Bear Bunch 71 KST M/S R-4	50 45	1 2 3 4 5 6 7 8 9 0 1 2 3 4 5 6 7 8 9 0	
163 - Hanna-Barbera 71 KST M/P R-4	65 30	1 2 3 4 5 6 7 8 9 0 1 2 3 4 5 6 7 8 9 0	
164 - Hanna-Barbera 78 KST M/P R-4	75 30	1 2 3 4 5 6 7 8 9 0 1 2 3 4 5 6 7 8 9 0	
165 - Hansel and Gretel 82 OA R-5	80	1 2 3 4 5 6 7 8 9 0 1 2 3 4 5 6 7 8 9 0	
166 - Happy Days 77 AT M/P R-5	80 40	1 2 3 4 5 6 7 8 9 0 1 2 3 4 5 6 7 8 9 0	
167 - Happy Days 78 AT M/P R-5	90 40	1 2 3 4 5 6 7 8 9 0 1 2 3 4 5 6 7 8 9 0	
168 - Hardy Boys Mysteries 77 KST M/P R-5	55 30	1 2 3 4 5 6 7 8 9 0 1 2 3 4 5 6 7 8 9 0	
169 - He-Man & Masters 84 AL M/P R-2	20 10	1 2 3 4 5 6 7 8 9 0 1 2 3 4 5 6 7 8 9 0	
170 - Heathcliff 82 AL M/P R-2	20 10	1 2 3 4 5 6 7 8 9 0 1 2 3 4 5 6 7 8 9 0	
171 - Hector Heathcote 64 AL M/S R-7	240 90	1 2 3 4 5 6 7 8 9 0 1 2 3 4 5 6 7 8 9 0	
172 - Hee Haw 71 KST M/S R-6	120 85	1 2 3 4 5 6 7 8 9 0 1 2 3 4 5 6 7 8 9 0	
173 - Highway Signs (2nd Design) 72 OA R-5	70	1 2 3 4 5 6 7 8 9 0 1 2 3 4 5 6 7 8 9 0	
174 - Holly Hobbie 72 AL M/P R-3	30 15	1 2 3 4 5 6 7 8 9 0 1 2 3 4 5 6 7 8 9 0	
175 - Holly Hobbie 81 AL M/P R-2	20 10	1 2 3 4 5 6 7 8 9 0 1 2 3 4 5 6 7 8 9 0	
176 - Holly Hobbie 75 AL M/P R-2	20 10	1 2 3 4 5 6 7 8 9 0 1 2 3 4 5 6 7 8 9 0	

Metal Lunch Boxes

# - Name	Year	Mat	Type	Rarity	Price		
177 - Holly Hobbie					20	1 2 3 4 5 6 7 8 9 0	
	79	AL	M/P	R-2	10	1 2 3 4 5 6 7 8 9 0	
178 - Hopalong Cassidy					260	1 2 3 4 5 6 7 8 9 0	
	50	AL	M/S	R-7	120	1 2 3 4 5 6 7 8 9 0	
179 - Hopalong Cassidy					280	1 2 3 4 5 6 7 8 9 0	
	50	AL	M/S	R-7	120	1 2 3 4 5 6 7 8 9 0	
180 - Hopalong Cassidy					310	1 2 3 4 5 6 7 8 9 0	
	52	AL	M/S	R-7	120	1 2 3 4 5 6 7 8 9 0	
181 - Hopalong Cassidy					310	1 2 3 4 5 6 7 8 9 0	
	52	AL	M/S	R-7	120	1 2 3 4 5 6 7 8 9 0	
182 - Hopalong Cassidy					380	1 2 3 4 5 6 7 8 9 0	
	54	AL	M/S	R-7	160	1 2 3 4 5 6 7 8 9 0	
183 - Hot Wheels					130	1 2 3 4 5 6 7 8 9 0	
	69	KST	M/S	R-6	45	1 2 3 4 5 6 7 8 9 0	
184 - Howdy Doody					490	1 2 3 4 5 6 7 8 9 0	
	54	AD		R-7		1 2 3 4 5 6 7 8 9 0	
185 - How the West Was Won					70	1 2 3 4 5 6 7 8 9 0	
	79	KST	M/P	R-5	35	1 2 3 4 5 6 7 8 9 0	
			M/P		35		
186 - Huckleberry Hound					180	1 2 3 4 5 6 7 8 9 0	
	61	AL	M/S	R-6	90	1 2 3 4 5 6 7 8 9 0	
187 - Hulk					45	1 2 3 4 5 6 7 8 9 0	
	78	AL	M/P	R-4	25	1 2 3 4 5 6 7 8 9 0	
188 - Indiana Jones (Temple)					45	1 2 3 4 5 6 7 8 9 0	
	84	KST	M/P	R-5	20	1 2 3 4 5 6 7 8 9 0	
189 - Indiana Jones (Mining Car)					45	1 2 3 4 5 6 7 8 9 0	
	84	KST	M/P	R-5	20	1 2 3 4 5 6 7 8 9 0	
190 - Indiana Jones					45	1 2 3 4 5 6 7 8 9 0	
	84	KST	M/P	R-5	20	1 2 3 4 5 6 7 8 9 0	
191 - Jack and Jill					260	1 2 3 4 5 6 7 8 9 0	
	82	OA		R-7		1 2 3 4 5 6 7 8 9 0	
192 - James Bond					345	1 2 3 4 5 6 7 8 9 0	
	66	AL	M/S	R-7	180	1 2 3 4 5 6 7 8 9 0	

Metal Lunch Boxes

193 - Jet Patrol 57 AL M/S R-8	380 165	1 2 3 4 5 6 7 8 9 0 1 2 3 4 5 6 7 8 9 0	
194 - Joe Palooka 49 CC R-6	70	1 2 3 4 5 6 7 8 9 0 1 2 3 4 5 6 7 8 9 0	
195 - Johnny Lightning 70 AL M/P R-5	85 40	1 2 3 4 5 6 7 8 9 0 1 2 3 4 5 6 7 8 9 0	
196 - Jonathan Livingston Seagull 73 AL M/P R-5	120 55	1 2 3 4 5 6 7 8 9 0 1 2 3 4 5 6 7 8 9 0	
197 - Julia 69 KST M/S R-5	130 60	1 2 3 4 5 6 7 8 9 0 1 2 3 4 5 6 7 8 9 0	
198 - Jungle Book 68 AL M/S R-5	85 60	1 2 3 4 5 6 7 8 9 0 1 2 3 4 5 6 7 8 9 0	
199 - Junior Miss 56 AL M/S R-4	65 30	1 2 3 4 5 6 7 8 9 0 1 2 3 4 5 6 7 8 9 0	
200 - Junior Miss 60 AL M/S R-4	60 30	1 2 3 4 5 6 7 8 9 0 1 2 3 4 5 6 7 8 9 0	
201 - Junior Miss 62 AL M/S R-7	180 80	1 2 3 4 5 6 7 8 9 0 1 2 3 4 5 6 7 8 9 0	
202 - Junior Miss 66 AL M/S R-4 M/P	55 35 30	1 2 3 4 5 6 7 8 9 0 1 2 3 4 5 6 7 8 9 0 1 2 3 4 5 6 7 8 9 0	
203 - Junior Miss 70 AL M/P R-3	45 30	1 2 3 4 5 6 7 8 9 0 1 2 3 4 5 6 7 8 9 0	
204 - Junior Miss 73 AL M/P R-3	35 25	1 2 3 4 5 6 7 8 9 0 1 2 3 4 5 6 7 8 9 0	
205 - Junior Miss 78 AL M/P R-3	35 25	1 2 3 4 5 6 7 8 9 0 1 2 3 4 5 6 7 8 9 0	
206 - Kellogg's Breakfast 69 AL M/P R-6	190 75	1 2 3 4 5 6 7 8 9 0 1 2 3 4 5 6 7 8 9 0	
207 - Kid Power 74 AT M/P R-3	55 20	1 2 3 4 5 6 7 8 9 0 1 2 3 4 5 6 7 8 9 0	
208 - King Kong 77 AT M/P R-4	75 35	1 2 3 4 5 6 7 8 9 0 1 2 3 4 5 6 7 8 9 0	

Metal Lunch Boxes

# - Name	Year	Mfr	Type	Rarity	High	Low	Condition Scale
209 - Kiss	77	KST	M/P	R-6	220	80	1 2 3 4 5 6 7 8 9 0 / 1 2 3 4 5 6 7 8 9 0
210 - Knight in Armor	59	UN	M/S	R-9	980	250	1 2 3 4 5 6 7 8 9 0 / 1 2 3 4 5 6 7 8 9 0
211 - Knight Rider	84	KST	M/P	R-3	40	20	1 2 3 4 5 6 7 8 9 0 / 1 2 3 4 5 6 7 8 9 0
212 - Kong Phooey	75	KST	M/P	R-4	55	20	1 2 3 4 5 6 7 8 9 0 / 1 2 3 4 5 6 7 8 9 0
213 - Korg	75	KST	M/P	R-4	110	45	1 2 3 4 5 6 7 8 9 0 / 1 2 3 4 5 6 7 8 9 0
214 - Kroft Supershow	76	AL	M/P	R-6	160	70	1 2 3 4 5 6 7 8 9 0 / 1 2 3 4 5 6 7 8 9 0
215 - Kung Fu	74	KST	M/P	R-5	90	45	1 2 3 4 5 6 7 8 9 0 / 1 2 3 4 5 6 7 8 9 0
216 - Lance Link	71	KST	M/S	R-6	140	70	1 2 3 4 5 6 7 8 9 0 / 1 2 3 4 5 6 7 8 9 0
217 - Land of the Giants	68	AL	M/P	R-6	190	70	1 2 3 4 5 6 7 8 9 0 / 1 2 3 4 5 6 7 8 9 0
218 - Land of the Lost	75	AL	M/P	R-5	110	45	1 2 3 4 5 6 7 8 9 0 / 1 2 3 4 5 6 7 8 9 0
219 - Lassie	78	KST	M/P	R-5	110	55	1 2 3 4 5 6 7 8 9 0 / 1 2 3 4 5 6 7 8 9 0
220 - Laugh-In (Nazi Helmet)	68	AL	M/P	R-6	180	90	1 2 3 4 5 6 7 8 9 0 / 1 2 3 4 5 6 7 8 9 0
221 - Laugh-In (Tricycle)	71	AL	M/P	R-6	190	90	1 2 3 4 5 6 7 8 9 0 / 1 2 3 4 5 6 7 8 9 0
222 - Lawman	61	KST	G/S	R-6	180	80	1 2 3 4 5 6 7 8 9 0 / 1 2 3 4 5 6 7 8 9 0
223 - Lidsville	71	AL	M/P	R-6	180	80	1 2 3 4 5 6 7 8 9 0 / 1 2 3 4 5 6 7 8 9 0
224 - Little Dutch Miss	59	UN	M/S	R-6	130	60	1 2 3 4 5 6 7 8 9 0 / 1 2 3 4 5 6 7 8 9 0

Metal Lunch Boxes

225 - Little Friends 82 AL M/P R-8	520 260	1 2 3 4 5 6 7 8 9 0 1 2 3 4 5 6 7 8 9 0	
226 - Little House on the Prairie 78 KST M/P R-6	140 60	1 2 3 4 5 6 7 8 9 0 1 2 3 4 5 6 7 8 9 0	
227 - Little Red Riding Hood 82 OA R-6	120	1 2 3 4 5 6 7 8 9 0 1 2 3 4 5 6 7 8 9 0	
228 - Lone Ranger (Blue Band) 54 AD R-8	475	1 2 3 4 5 6 7 8 9 0 1 2 3 4 5 6 7 8 9 0	
229 - Lone Ranger (Red Band) 54 AD R-7	425	1 2 3 4 5 6 7 8 9 0 1 2 3 4 5 6 7 8 9 0	
230 - Lone Ranger 80 AL M/P R-5	120 60	1 2 3 4 5 6 7 8 9 0 1 2 3 4 5 6 7 8 9 0	
231 - Loonie Tunes TV 59 AT M/S R-7	260 120	1 2 3 4 5 6 7 8 9 0 1 2 3 4 5 6 7 8 9 0	
232 - Ludwig Von Drake 62 AL M/S R-7	190 90	1 2 3 4 5 6 7 8 9 0 1 2 3 4 5 6 7 8 9 0	
233 - Luggage Plaid 55 AD R-5	60	1 2 3 4 5 6 7 8 9 0 1 2 3 4 5 6 7 8 9 0	
234 - Luggage Plaid 57 OA R-7	70	1 2 3 4 5 6 7 8 9 0 1 2 3 4 5 6 7 8 9 0	
235 - Luggage Tweed (Blue) 57 AT M/S R-6	140 90	1 2 3 4 5 6 7 8 9 0 1 2 3 4 5 6 7 8 9 0	
236 - Luggage Tweed (Maroon) 57 AT M/S R-6	120 90	1 2 3 4 5 6 7 8 9 0 1 2 3 4 5 6 7 8 9 0	
237 - Luggage Tweed (Tan) 57 AT M/S R-5	60 45	1 2 3 4 5 6 7 8 9 0 1 2 3 4 5 6 7 8 9 0	
238 - Magic Kingdom 80 AL M/P R-3	30 20	1 2 3 4 5 6 7 8 9 0 1 2 3 4 5 6 7 8 9 0	
239 - Man From Uncle 66 KST M/S R-6	180 110	1 2 3 4 5 6 7 8 9 0 1 2 3 4 5 6 7 8 9 0	
240 - Mary Poppins 65 AL M/S R-6	140 70	1 2 3 4 5 6 7 8 9 0 1 2 3 4 5 6 7 8 9 0	

Metal Lunch Boxes

# - Name	Year	Mfr	Type	Rarity	Price High	Price Low
241 - Masters of the Universe	83	AL	M/P	R-2	25	15
242 - Mickey Mouse Club (White)	63	AL	M/S	R-5	75	45
243 - Mickey Mouse Club (Yellow)	76	AL	M/P	R-4	110	35
244 - Mickey Mouse Club (Red)	77	AL	M/P	R-3	65	30
245 - Mickey Mouse & Donald	54	AD	M/S	R-8	340	460
246 - Miss America	72	AL	M/P	R-5	140	70
247 - MLB Baseball	68	KST	M/S	R-5	120	55
248 - Mod Floral	75	OK	M/S	R-7	250	225
249 - Monroes	67	AL	M/S	R-6	180	110
250 - Mork & Mindy	79	AT	M/P	R-4	60	25
251 - Movie Monsters	79	AL	M/P	R-4	120	60
252 - Mr. Merlin	82	KST	M/P	R-4	40	25
253 - Munsters	65	KST	M/S	R-7	300	175
254 - Muppet Babies	85	KST	M/P	R-2	25	12
255 - Muppet Movie	79	KST	M/P	R-4	45	20
256 - Muppet Show	78	KST	M/P	R-4	55	20

Metal Lunch Boxes

257 - Muppets (Animal) 79 KST M/P R-3	40 20	1 2 3 4 5 6 7 8 9 0 1 2 3 4 5 6 7 8 9 0	
258 - Muppets (Fozzie Bear) 76 KST M/P R-3	40 20	1 2 3 4 5 6 7 8 9 0 1 2 3 4 5 6 7 8 9 0	
259 - Muppets (Kermit) 79 KST M/P R-3	40 20	1 2 3 4 5 6 7 8 9 0 1 2 3 4 5 6 7 8 9 0	
260 - My Lunch 74 OA R-3	30	1 2 3 4 5 6 7 8 9 0 1 2 3 4 5 6 7 8 9 0	
261 - Nancy Drew Mysteries 77 KST M/P R-5	80 40	1 2 3 4 5 6 7 8 9 0 1 2 3 4 5 6 7 8 9 0	
262 - NFL 62 UN M/S R-7	180 110	1 2 3 4 5 6 7 8 9 0 1 2 3 4 5 6 7 8 9 0	
263 - NFL 75 KST M/P R-5	60 20	1 2 3 4 5 6 7 8 9 0 1 2 3 4 5 6 7 8 9 0	
264 - NFL 76 KST M/P R-4	50 20	1 2 3 4 5 6 7 8 9 0 1 2 3 4 5 6 7 8 9 0	
265 - NFL 78 KST M/P R-3	50 20	1 2 3 4 5 6 7 8 9 0 1 2 3 4 5 6 7 8 9 0	
266 - NFL Quarterback 64 AL M/S R-7	185 60	1 2 3 4 5 6 7 8 9 0 1 2 3 4 5 6 7 8 9 0	
267 - NHL 70 OK M/S R-8	425 225	1 2 3 4 5 6 7 8 9 0 1 2 3 4 5 6 7 8 9 0	
268 - Official Lunch Ball (Brown) 74 Univis R-7	90	1 2 3 4 5 6 7 8 9 0 1 2 3 4 5 6 7 8 9 0	
269 - Official Lunch Ball (Red) 74 Univis R-7	90	1 2 3 4 5 6 7 8 9 0 1 2 3 4 5 6 7 8 9 0	
270 - Orbit 63 KST M/S (Tall) R-7 M/S (Short)	285 90 50	1 2 3 4 5 6 7 8 9 0 1 2 3 4 5 6 7 8 9 0 1 2 3 4 5 6 7 8 9 0	
271 - Osmonds 73 AL M/P R-5	90 45	1 2 3 4 5 6 7 8 9 0 1 2 3 4 5 6 7 8 9 0	
272 - Our Friends 82 UN M/S R-8	475 180	1 2 3 4 5 6 7 8 9 0 1 2 3 4 5 6 7 8 9 0	

Metal Lunch Boxes

273 - Pac-Man 80 AL M/P R-2	20 10	1 2 3 4 5 6 7 8 9 0 1 2 3 4 5 6 7 8 9 0	
274 - Paladin 60 AL M/S R-7	310 150	1 2 3 4 5 6 7 8 9 0 1 2 3 4 5 6 7 8 9 0	
275 - Para-Medic 78 OA R-6	70	1 2 3 4 5 6 7 8 9 0 1 2 3 4 5 6 7 8 9 0	
276 - Partridge Family 71 KST M/P R-6 M/S	145 40 60	1 2 3 4 5 6 7 8 9 0 1 2 3 4 5 6 7 8 9 0 1 2 3 4 5 6 7 8 9 0	
277 - Pathfinder 59 UN M/S R-8	525 260	1 2 3 4 5 6 7 8 9 0 1 2 3 4 5 6 7 8 9 0	
278 - Patriotic 74 OA R-4	40	1 2 3 4 5 6 7 8 9 0 1 2 3 4 5 6 7 8 9 0	
279 - Peanuts 66 KST M/S R-4	60 40	1 2 3 4 5 6 7 8 9 0 1 2 3 4 5 6 7 8 9 0	
280 - Peanuts 73 KST M/P R-3	45 15	1 2 3 4 5 6 7 8 9 0 1 2 3 4 5 6 7 8 9 0	
281 - Peanuts 76 KST M/P R-3	20 12	1 2 3 4 5 6 7 8 9 0 1 2 3 4 5 6 7 8 9 0	
282 - Peanuts (Green Band) 80 KST M/P R-2	25 10	1 2 3 4 5 6 7 8 9 0 1 2 3 4 5 6 7 8 9 0	
283 - Peanuts (Red Band) 80 KST M/P R-2	20 12	1 2 3 4 5 6 7 8 9 0 1 2 3 4 5 6 7 8 9 0	
284 - Pebbles & Bamm Bamm 71 AL M/P R-4	65 40	1 2 3 4 5 6 7 8 9 0 1 2 3 4 5 6 7 8 9 0	
285 - Pele 75 KST M/P R-5	110 45	1 2 3 4 5 6 7 8 9 0 1 2 3 4 5 6 7 8 9 0	
286 - Pete's Dragon 78 AL M/P R-4	45 25	1 2 3 4 5 6 7 8 9 0 1 2 3 4 5 6 7 8 9 0	
287 - Peter Pan 69 AL M/P R-6	125 60	1 2 3 4 5 6 7 8 9 0 1 2 3 4 5 6 7 8 9 0	
288 - Peter Pan Sandwich 74 F & F Plastic R-6	160	1 2 3 4 5 6 7 8 9 0 1 2 3 4 5 6 7 8 9 0	

Metal Lunch Boxes

289 - Pets and Pals 61 KST M/S R-6	120 45	1 2 3 4 5 6 7 8 9 0 1 2 3 4 5 6 7 8 9 0
290 - Pigs in Space 77 KST M/P R-4	35 20	1 2 3 4 5 6 7 8 9 0 1 2 3 4 5 6 7 8 9 0
291 - Pink Gingham 76 KST M/P R-6	45 20	1 2 3 4 5 6 7 8 9 0 1 2 3 4 5 6 7 8 9 0
292 - Pink Panther & Sons 84 KST M/P R-3	35 15	1 2 3 4 5 6 7 8 9 0 1 2 3 4 5 6 7 8 9 0
293 - Pinocchio 71 AL M/P R-6	120 60	1 2 3 4 5 6 7 8 9 0 1 2 3 4 5 6 7 8 9 0
294 - Pit Stop 68 OA S/G R-7	165 25	1 2 3 4 5 6 7 8 9 0 1 2 3 4 5 6 7 8 9 0
295 - Plaid 55 AL M/S R-4	45 25	1 2 3 4 5 6 7 8 9 0 1 2 3 4 5 6 7 8 9 0
296 - Plaid McPherson 64 KST M/S R-4	45 25	1 2 3 4 5 6 7 8 9 0 1 2 3 4 5 6 7 8 9 0
297 - Plaid (Gray) 53 AL M/S R-10	375 120	1 2 3 4 5 6 7 8 9 0 1 2 3 4 5 6 7 8 9 0
298 - Plaid (Red & Black) 60's England R-6	140	1 2 3 4 5 6 7 8 9 0 1 2 3 4 5 6 7 8 9 0
299 - Plaid Tweed (Green Band) 60 AT M/S R-5	65 35	1 2 3 4 5 6 7 8 9 0 1 2 3 4 5 6 7 8 9 0
300 - Plaid Tweed (Red Band) 60 AT M/S R-5	65 35	1 2 3 4 5 6 7 8 9 0 1 2 3 4 5 6 7 8 9 0
301 - Plaid Scotch 57 OA R-4	45	1 2 3 4 5 6 7 8 9 0 1 2 3 4 5 6 7 8 9 0
302 - Plaid Scotch (Green) 74 KST R-7	140	1 2 3 4 5 6 7 8 9 0 1 2 3 4 5 6 7 8 9 0
303 - Plaid (Red w/Blue & Yellow) 60's England R-6	140	1 2 3 4 5 6 7 8 9 0 1 2 3 4 5 6 7 8 9 0
304 - Plaid Scotch 64 OA R-4	45	1 2 3 4 5 6 7 8 9 0 1 2 3 4 5 6 7 8 9 0

Metal Lunch Boxes

# - Name	Price	
305 - Plaid Scotch 64-71 OA R-4	40	1 2 3 4 5 6 7 8 9 0 1 2 3 4 5 6 7 8 9 0
306 - Plaid Scotch (Blue) 64 KST R-7	150	1 2 3 4 5 6 7 8 9 0 1 2 3 4 5 6 7 8 9 0
307 - Plaid Scotch 59 UN M/S R-4	60 40	1 2 3 4 5 6 7 8 9 0 1 2 3 4 5 6 7 8 9 0
308 - Planet of the Apes 74 AL M/P R-6	170 80	1 2 3 4 5 6 7 8 9 0 1 2 3 4 5 6 7 8 9 0
309 - Play Ball 69 KST M/S R-5	110 55	1 2 3 4 5 6 7 8 9 0 1 2 3 4 5 6 7 8 9 0
310 - Police Patrol 78 AL M/P R-6	160 70	1 2 3 4 5 6 7 8 9 0 1 2 3 4 5 6 7 8 9 0
311 - Polly Pal 75 KST M/P R-2	20 10	1 2 3 4 5 6 7 8 9 0 1 2 3 4 5 6 7 8 9 0
312 - Popeye 62 UN M/S R-8	550 320	1 2 3 4 5 6 7 8 9 0 1 2 3 4 5 6 7 8 9 0
313 - Popeye 64 KST M/S R-6	170 110	1 2 3 4 5 6 7 8 9 0 1 2 3 4 5 6 7 8 9 0
314 - Popeye 80 AL M/P R-5	75 40	1 2 3 4 5 6 7 8 9 0 1 2 3 4 5 6 7 8 9 0
315 - Popples 86 AL M/P R-3	20 10	1 2 3 4 5 6 7 8 9 0 1 2 3 4 5 6 7 8 9 0
316 - Pro Sports 80 OA R-4	45	1 2 3 4 5 6 7 8 9 0 1 2 3 4 5 6 7 8 9 0
317 - Racing Wheels 77 KST M/P R-5	60 25	1 2 3 4 5 6 7 8 9 0 1 2 3 4 5 6 7 8 9 0
318 - Raggedy Ann (Red Shirt) 73 AL M/P R-3	65 25	1 2 3 4 5 6 7 8 9 0 1 2 3 4 5 6 7 8 9 0
319 - Rainbow Bread Van 84 M/P R-5	60 30	1 2 3 4 5 6 7 8 9 0 1 2 3 4 5 6 7 8 9 0
320 - Rambo 85 KST M/P R-3	35 20	1 2 3 4 5 6 7 8 9 0 1 2 3 4 5 6 7 8 9 0

Metal Lunch Boxes

321 - Rat Patrol 67 AL M/S R-6	160 95	1 2 3 4 5 6 7 8 9 0 1 2 3 4 5 6 7 8 9 0	
322 - Rescuers 77 AL M/P R-4	45 25	1 2 3 4 5 6 7 8 9 0 1 2 3 4 5 6 7 8 9 0	
323 - Return of the Jedi 83 KST M/P R-3	30 10	1 2 3 4 5 6 7 8 9 0 1 2 3 4 5 6 7 8 9 0	
324 - Rifleman 61 AL M/S R-8	420 160	1 2 3 4 5 6 7 8 9 0 1 2 3 4 5 6 7 8 9 0	
325 - Road Runner (Purple Rim) 70 KST M/S R-4 M/P	90 50 25	1 2 3 4 5 6 7 8 9 0 1 2 3 4 5 6 7 8 9 0 1 2 3 4 5 6 7 8 9 0	
326 - Road Runner (Lavender) 70 KST M/S R-4 M/P	90 50 25	1 2 3 4 5 6 7 8 9 0 1 2 3 4 5 6 7 8 9 0 1 2 3 4 5 6 7 8 9 0	
327 - Robin Hood 65 AL M/S R-7	190 120	1 2 3 4 5 6 7 8 9 0 1 2 3 4 5 6 7 8 9 0	
328 - Robin Hood 74 AL M/P R-4	55 35	1 2 3 4 5 6 7 8 9 0 1 2 3 4 5 6 7 8 9 0	
329 - Ronald McDonald 82 AL M/P R-3	40 20	1 2 3 4 5 6 7 8 9 0 1 2 3 4 5 6 7 8 9 0	
330 - Rose Petal Place 83 AL M/P R-2	30 10	1 2 3 4 5 6 7 8 9 0 1 2 3 4 5 6 7 8 9 0	
331 - Rough Rider 73 AL M/P R-5	80 40	1 2 3 4 5 6 7 8 9 0 1 2 3 4 5 6 7 8 9 0	
332 - Roy Rogers (Narrow) 53 AT M/S R-6	280 120	1 2 3 4 5 6 7 8 9 0 1 2 3 4 5 6 7 8 9 0	
333 - Roy Rogers (Blue Band) 54 AT M/S R-6	240 120	1 2 3 4 5 6 7 8 9 0 1 2 3 4 5 6 7 8 9 0	
334 - Roy Rogers (Red Band) 54 AT M/S R-6	240 120	1 2 3 4 5 6 7 8 9 0 1 2 3 4 5 6 7 8 9 0	
335 - Roy Rogers (Blue Band) 55 AT M/S R-5	260 120	1 2 3 4 5 6 7 8 9 0 1 2 3 4 5 6 7 8 9 0	
336 - Roy Rogers (Red Band) 55 AT M/S R-5	260 120	1 2 3 4 5 6 7 8 9 0 1 2 3 4 5 6 7 8 9 0	

Metal Lunch Boxes

# - Name	Price	Checklist
337 - Roy Rogers (Cowhide B/Band) 55 AT M/S R-6	210 120	1 2 3 4 5 6 7 8 9 0 1 2 3 4 5 6 7 8 9 0
338 - Roy Rogers w/leather handle & brands 54 AT M/S R-9	310 180	1 2 3 4 5 6 7 8 9 0 1 2 3 4 5 6 7 8 9 0
339 - Roy Rogers (On Rail B/Band) 57 AT M/S R-7	360 140	1 2 3 4 5 6 7 8 9 0 1 2 3 4 5 6 7 8 9 0
340 - Roy Rogers (On Rail R/Band) 57 AT M/S R-7	360 140	1 2 3 4 5 6 7 8 9 0 1 2 3 4 5 6 7 8 9 0
341 - Saddlebag 77 KST G/P R-6	160 40	1 2 3 4 5 6 7 8 9 0 1 2 3 4 5 6 7 8 9 0
342 - Satellite (Narrow) 58 AT M/S R-5	140 60	1 2 3 4 5 6 7 8 9 0 1 2 3 4 5 6 7 8 9 0
343 - Satellite 60 KST M/S R-5	140 60	1 2 3 4 5 6 7 8 9 0 1 2 3 4 5 6 7 8 9 0
344 - School Days 60 OA R-6	85	1 2 3 4 5 6 7 8 9 0 1 2 3 4 5 6 7 8 9 0
345 - School Days (Mickey) 84 AL M/P R-8	485 250	1 2 3 4 5 6 7 8 9 0 1 2 3 4 5 6 7 8 9 0
346 - Scooby Doo (Orange Rim) 73 KST M/P R-5	140 60	1 2 3 4 5 6 7 8 9 0 1 2 3 4 5 6 7 8 9 0
347 - Scooby Doo (Yellow Rim) 73 KST M/P R-5	140 60	1 2 3 4 5 6 7 8 9 0 1 2 3 4 5 6 7 8 9 0
348 - Secret Agent 68 KST M/S R-5	120 55	1 2 3 4 5 6 7 8 9 0 1 2 3 4 5 6 7 8 9 0
349 - Secret of Nimh 82 AL M/P R-2	25 15	1 2 3 4 5 6 7 8 9 0 1 2 3 4 5 6 7 8 9 0
350 - Secret Wars 84 AL M/P R-4	80 30	1 2 3 4 5 6 7 8 9 0 1 2 3 4 5 6 7 8 9 0
351 - See America 72 OA R-5	55	1 2 3 4 5 6 7 8 9 0 1 2 3 4 5 6 7 8 9 0
352 - Sesame Street 79 AL M/P R-3	25 15	1 2 3 4 5 6 7 8 9 0 1 2 3 4 5 6 7 8 9 0

Metal Lunch Boxes

353 - Sesame Street 83 AL M/P R-2	20 12	1 2 3 4 5 6 7 8 9 0 1 2 3 4 5 6 7 8 9 0	
354 - Sigmond & Sea Monsters 74 AL M/P R-6	180 65	1 2 3 4 5 6 7 8 9 0 1 2 3 4 5 6 7 8 9 0	
355 - Six Million Dollar Man 78 AL M/P R-5	80 40	1 2 3 4 5 6 7 8 9 0 1 2 3 4 5 6 7 8 9 0	
356 - Six Million Dollar Man 74 AL M/P R-5	80 40	1 2 3 4 5 6 7 8 9 0 1 2 3 4 5 6 7 8 9 0	
357 - Skateboarder 77 AL M/P R-4	55 30	1 2 3 4 5 6 7 8 9 0 1 2 3 4 5 6 7 8 9 0	
358 - Smokey Bear 75 OK M/P&S R-7	450 275	1 2 3 4 5 6 7 8 9 0 1 2 3 4 5 6 7 8 9 0	
359 - Smurfs 83 KST M/P R-7	140 20	1 2 3 4 5 6 7 8 9 0 1 2 3 4 5 6 7 8 9 0	
360 - Snow White 75 AL M/P R-4	55 20	1 2 3 4 5 6 7 8 9 0 1 2 3 4 5 6 7 8 9 0	
361 - Snow White (With Game) 77 OA R-3	45	1 2 3 4 5 6 7 8 9 0 1 2 3 4 5 6 7 8 9 0	
362 - Snow White (Without Game) 80 OA R-3	45	1 2 3 4 5 6 7 8 9 0 1 2 3 4 5 6 7 8 9 0	
363 - Space 1999 76 KST M/P R-5	80 30	1 2 3 4 5 6 7 8 9 0 1 2 3 4 5 6 7 8 9 0	
364 - Space Shuttle 77 KST M/P R-5	95 55	1 2 3 4 5 6 7 8 9 0 1 2 3 4 5 6 7 8 9 0	
365 - Speed Buggy 74 KST M/P R-5	60 30	1 2 3 4 5 6 7 8 9 0 1 2 3 4 5 6 7 8 9 0	
366 - Spiderman & Hulk 80 AL M/P R-5	45 30	1 2 3 4 5 6 7 8 9 0 1 2 3 4 5 6 7 8 9 0	
367 - Sport Goofy 83 AL M/P R-3	25 15	1 2 3 4 5 6 7 8 9 0 1 2 3 4 5 6 7 8 9 0	
368 - Sports Afield 57 OA R-7	180	1 2 3 4 5 6 7 8 9 0 1 2 3 4 5 6 7 8 9 0	

Metal Lunch Boxes

# - Name	Price	
369 - Sport Skwirts (All) 81 OA R-4	55	1234567890 1234567890
370 - Sport Skwirts (Baseball) 82 OA R-5	65	1234567890 1234567890
371 - Sport Skwirts (Basketball) 82 OA R-4	50	1234567890 1234567890
372 - Sport Skwirts (Hockey) 82 OA R-5	65	1234567890 1234567890
373 - Star Trek Movie 80 KST M/P R-6	130 60	1234567890 1234567890
374 - Star Wars 78 KST M/P R-5	85 35	1234567890 1234567890
375 - Star Wars (Stars on Band) 78 KST M/P R-5	85 35	1234567890 1234567890
376 - Steve Canyon 59 AL M/S R-7	310 150	1234567890 1234567890
377 - Strawberry Land 85 AL M/P R-4	40 20	1234567890 1234567890
378 - Strawberry Shortcake 80 AL M/P R-2	20 10	1234567890 1234567890
379 - Strawberry Shortcake 81 AL M/P R-2	20 10	1234567890 1234567890
380 - Street Hawk 85 AL M/P R-6	180 90	1234567890 1234567890
381 - Submarine 60 KST M/S R-6	160 80	1234567890 1234567890
382 - Supercar 62 UN M/S R-7	325 155	1234567890 1234567890
383 - Super Friends 76 AL M/P R-6	95 40	1234567890 1234567890
384 - Super Heroes 76 AL M/P R-5	85 40	1234567890 1234567890

Metal Lunch Boxes

# - Name / Year / Mfr / Type / Rarity	Price	
385 - Superman 54 UN R-8	825	1 2 3 4 5 6 7 8 9 0 1 2 3 4 5 6 7 8 9 0
386 - Superman 67 KST M/S R-6	175 95	1 2 3 4 5 6 7 8 9 0 1 2 3 4 5 6 7 8 9 0
387 - Superman 78 AL M/P R-4	55 30	1 2 3 4 5 6 7 8 9 0 1 2 3 4 5 6 7 8 9 0
388 - Super Powers 83 AL M/P R-4	65 30	1 2 3 4 5 6 7 8 9 0 1 2 3 4 5 6 7 8 9 0
389 - Tapestry 63 OA R-5	50	1 2 3 4 5 6 7 8 9 0 1 2 3 4 5 6 7 8 9 0
390 - Tarzan 66 AL M/S R-6	160 70	1 2 3 4 5 6 7 8 9 0 1 2 3 4 5 6 7 8 9 0
391 - Teenager 57 AT G/S R-6	85 30	1 2 3 4 5 6 7 8 9 0 1 2 3 4 5 6 7 8 9 0
392 - Three Little Pigs 82 OA G/P R-6	160	1 2 3 4 5 6 7 8 9 0 1 2 3 4 5 6 7 8 9 0
393 - Thundercats 85 AL M/P R-1	10 5	1 2 3 4 5 6 7 8 9 0 1 2 3 4 5 6 7 8 9 0
394 - Tom Corbett (Blue) 52 AL M/S R-6	260 110	1 2 3 4 5 6 7 8 9 0 1 2 3 4 5 6 7 8 9 0
395 - Tom Corbett (Red) 52 AL M/S R-6	260 110	1 2 3 4 5 6 7 8 9 0 1 2 3 4 5 6 7 8 9 0
396 - Tom Corbett (Litho) 54 AL M/S R-7	480 120	1 2 3 4 5 6 7 8 9 0 1 2 3 4 5 6 7 8 9 0
397 - Toppie 57 AT M/S R-9	2200 750	1 2 3 4 5 6 7 8 9 0 1 2 3 4 5 6 7 8 9 0
398 - Track King 75 OK M/S R-8	260 210	1 2 3 4 5 6 7 8 9 0 1 2 3 4 5 6 7 8 9 0
399 - Transformers 86 AL M/P R-1	10 5	1 2 3 4 5 6 7 8 9 0 1 2 3 4 5 6 7 8 9 0
400 - Traveler (Blue) 62 OA R-5	85	1 2 3 4 5 6 7 8 9 0 1 2 3 4 5 6 7 8 9 0

Metal Lunch Boxes

401 - Traveler (Brown) 64 OA R-5	70	1 2 3 4 5 6 7 8 9 0 1 2 3 4 5 6 7 8 9 0	
402 - Trigger 56 AT R-8	280	1 2 3 4 5 6 7 8 9 0 1 2 3 4 5 6 7 8 9 0	
403 - UFO 73 KST M&G/P R-5	95 40	1 2 3 4 5 6 7 8 9 0 1 2 3 4 5 6 7 8 9 0	
404 - Underdog 74 OK M/S R-9	925 450	1 2 3 4 5 6 7 8 9 0 1 2 3 4 5 6 7 8 9 0	
405 - U.S. Space Corps 61 UN M/P R-8	385 120	1 2 3 4 5 6 7 8 9 0 1 2 3 4 5 6 7 8 9 0	
406 - "V" 84 AL M/P R-6	150 50	1 2 3 4 5 6 7 8 9 0 1 2 3 4 5 6 7 8 9 0	
407 - Voyage to Bottom of Sea 67 AL M/S R-8	360 160	1 2 3 4 5 6 7 8 9 0 1 2 3 4 5 6 7 8 9 0	
408 - Wagon Train 64 KST G/S R-7	220 80	1 2 3 4 5 6 7 8 9 0 1 2 3 4 5 6 7 8 9 0	
409 - Wags 'n Whiskers 78 KST M/P R-4	45 20	1 2 3 4 5 6 7 8 9 0 1 2 3 4 5 6 7 8 9 0	
410 - Wake Up America 73 OK R-8	375	1 2 3 4 5 6 7 8 9 0 1 2 3 4 5 6 7 8 9 0	
411 - Walton's 73 AL M/P R-6	120 60	1 2 3 4 5 6 7 8 9 0 1 2 3 4 5 6 7 8 9 0	
412 - Washington Redskins 70 OK M/S R-8	260 140	1 2 3 4 5 6 7 8 9 0 1 2 3 4 5 6 7 8 9 0	
413 - Welcome Back Kotter 77 AL M/P R-5	140 40	1 2 3 4 5 6 7 8 9 0 1 2 3 4 5 6 7 8 9 0	
414 - Weave Pattern 72 OA R-5	50	1 2 3 4 5 6 7 8 9 0 1 2 3 4 5 6 7 8 9 0	
415 - Western (Gear Around Band) 63 KST G/S R-6	185 75	1 2 3 4 5 6 7 8 9 0 1 2 3 4 5 6 7 8 9 0	
416 - Western (Tan Band) 63 KST G/S R-7	225 75	1 2 3 4 5 6 7 8 9 0 1 2 3 4 5 6 7 8 9 0	

Metal Lunch Boxes

Item	Price	Checklist
417 - Wild Bill Hickock 55 AL M/S R-6	225 110	1 2 3 4 5 6 7 8 9 0 1 2 3 4 5 6 7 8 9 0
418 - Wild Frontier 77 OA R-4	85	1 2 3 4 5 6 7 8 9 0 1 2 3 4 5 6 7 8 9 0
419 - Wild, Wild West 69 AL M/S R-7	360 120	1 2 3 4 5 6 7 8 9 0 1 2 3 4 5 6 7 8 9 0
420 - Winnie the Pooh 67 AL M/S R-8	280 80	1 2 3 4 5 6 7 8 9 0 1 2 3 4 5 6 7 8 9 0
421 - Wonderful World on Ice 82 AL M/P R-3	45 20	1 2 3 4 5 6 7 8 9 0 1 2 3 4 5 6 7 8 9 0
422 - Woody Woodpecker 72 AL M/P R-6	180 70	1 2 3 4 5 6 7 8 9 0 1 2 3 4 5 6 7 8 9 0
423 - Yankee Doodles 75 KST M/P R-3	45 20	1 2 3 4 5 6 7 8 9 0 1 2 3 4 5 6 7 8 9 0
424 - Yellow Submarine 68 KST M/S R-7	450 220	1 2 3 4 5 6 7 8 9 0 1 2 3 4 5 6 7 8 9 0
425 - Yogi Bear & Friends 61 AL M/S R-6	185 90	1 2 3 4 5 6 7 8 9 0 1 2 3 4 5 6 7 8 9 0
426 - Yogi Bear (Black Board) 74 AL M/P R-5	95 45	1 2 3 4 5 6 7 8 9 0 1 2 3 4 5 6 7 8 9 0
427 - Zorro (Black Sky) 58 AL M/S R-7	310 120	1 2 3 4 5 6 7 8 9 0 1 2 3 4 5 6 7 8 9 0
428 - Zorro (Red Sky) 66 AL M/S R-7	340 130	1 2 3 4 5 6 7 8 9 0 1 2 3 4 5 6 7 8 9 0

Late Additions

Item	Price	Checklist
141E - Fruit Basket (Br. Backgrnd) 68 OA R-5	45	1 2 3 4 5 6 7 8 9 0 1 2 3 4 5 6 7 8 9 0
173E - Highway Signs (1st Design) 68 OA R-6	90	1 2 3 4 5 6 7 8 9 0 1 2 3 4 5 6 7 8 9 0
318E - Raggedy Ann (Orange Shirt) 70 AL M/P R-5	65 25	1 2 3 4 5 6 7 8 9 0 1 2 3 4 5 6 7 8 9 0

Metal Domes

1 - Astronaut 60 KST M/S R-6	280 90	1 2 3 4 5 6 7 8 9 0 1 2 3 4 5 6 7 8 9 0
2 - Bread Box 68 AL M/S R-7	260 160	1 2 3 4 5 6 7 8 9 0 1 2 3 4 5 6 7 8 9 0
3 - Bozo 63 AL M/S R-7	320 120	1 2 3 4 5 6 7 8 9 0 1 2 3 4 5 6 7 8 9 0
4 - Buccaneer 57 AL M/S R-7	280 125	1 2 3 4 5 6 7 8 9 0 1 2 3 4 5 6 7 8 9 0
5 - Cable Car 62 AL M/S R-9	375 180	1 2 3 4 5 6 7 8 9 0 1 2 3 4 5 6 7 8 9 0
6 - Casey Jones 60 UN M/S R-8	485 210	1 2 3 4 5 6 7 8 9 0 1 2 3 4 5 6 7 8 9 0
7 - Chow Wagon 55 AT M/S R-7	425 140	1 2 3 4 5 6 7 8 9 0 1 2 3 4 5 6 7 8 9 0
8 - Chuck Wagon 58 AL M/S R-7	280 110	1 2 3 4 5 6 7 8 9 0 1 2 3 4 5 6 7 8 9 0
9 - Circus Wagon 58 AT M/S R-7	380 150	1 2 3 4 5 6 7 8 9 0 1 2 3 4 5 6 7 8 9 0
10 - Denim Diner 75 AL M/P R-4	70 30	1 2 3 4 5 6 7 8 9 0 1 2 3 4 5 6 7 8 9 0
11 - Disney Fire Fighters 69 AL M/P R-6	185 70	1 2 3 4 5 6 7 8 9 0 1 2 3 4 5 6 7 8 9 0
12 - Disney School Bus (Orange) 61 AL M/S R-4	120 60	1 2 3 4 5 6 7 8 9 0 1 2 3 4 5 6 7 8 9 0
13 - Disney School Bus (Yellow) 60s AL M/P R-3	120 45	1 2 3 4 5 6 7 8 9 0 1 2 3 4 5 6 7 8 9 0
14 - Dutch Cottage 58 AT M/S R-8	480 175	1 2 3 4 5 6 7 8 9 0 1 2 3 4 5 6 7 8 9 0
15 - Emergency 77 AL M/P R-6	210 80	1 2 3 4 5 6 7 8 9 0 1 2 3 4 5 6 7 8 9 0
16 - Firehouse 59 AT M/S R-8	340 150	1 2 3 4 5 6 7 8 9 0 1 2 3 4 5 6 7 8 9 0

Metal Domes

17 - Globe-Trotter 59 OA M/S R-7	240 120	1 2 3 4 5 6 7 8 9 0 1 2 3 4 5 6 7 8 9 0	
18 - Grizzly Adams 77 AL M/P R-5	140 60	1 2 3 4 5 6 7 8 9 0 1 2 3 4 5 6 7 8 9 0	
19 - Hogans Heroes 66 AL M/S R-7	425 150	1 2 3 4 5 6 7 8 9 0 1 2 3 4 5 6 7 8 9 0	
20 - Home Town Airport 60 KST M/S R-9	950 350	1 2 3 4 5 6 7 8 9 0 1 2 3 4 5 6 7 8 9 0	
21 - It's About Time 67 AL M/S R-7	260 125	1 2 3 4 5 6 7 8 9 0 1 2 3 4 5 6 7 8 9 0	
22 - Jetsons 63 AL M/S R-8	1150 375	1 2 3 4 5 6 7 8 9 0 1 2 3 4 5 6 7 8 9 0	
23 - Lost in Space 67 KST M/S R-7	575 90	1 2 3 4 5 6 7 8 9 0 1 2 3 4 5 6 7 8 9 0	
24 - Mod Tulips 62 OA R-8	350	1 2 3 4 5 6 7 8 9 0 1 2 3 4 5 6 7 8 9 0	
25 - Plaid (Red & Black) 62 KST R-9	350	1 2 3 4 5 6 7 8 9 0 1 2 3 4 5 6 7 8 9 0	
26 - Plaid (Red & White) 60 KST R-7	185	1 2 3 4 5 6 7 8 9 0 1 2 3 4 5 6 7 8 9 0	
27 - Plaid (Red, Yellow & Green) 58 AT R-8	165	1 2 3 4 5 6 7 8 9 0 1 2 3 4 5 6 7 8 9 0	
28 - Porky's Lunch Wagon 59 AT M/S R-7	425 110	1 2 3 4 5 6 7 8 9 0 1 2 3 4 5 6 7 8 9 0	
29 - Psychedelic 69 AL Yel & Blk/P R-8	320 85	1 2 3 4 5 6 7 8 9 0 1 2 3 4 5 6 7 8 9 0	
30 - Red Barn (Closed Doors) 57 AT R-4	80	1 2 3 4 5 6 7 8 9 0 1 2 3 4 5 6 7 8 9 0	
31 - Red Barn (Open Doors) 58 AT M/S R-4	90 40	1 2 3 4 5 6 7 8 9 0 1 2 3 4 5 6 7 8 9 0	
32 - Red Barn (Cutis) 71 KST M/S R-4	80 40	1 2 3 4 5 6 7 8 9 0 1 2 3 4 5 6 7 8 9 0	

Metal Domes

# - Name	Year/Mfr	Type	Rarity	Price	Check
33 - Snoopy 70 KST M/P			R-4	120 40	1 2 3 4 5 6 7 8 9 0 1 2 3 4 5 6 7 8 9 0
34 - Star Trek 68 AL M/S			R-8	950 400	1 2 3 4 5 6 7 8 9 0 1 2 3 4 5 6 7 8 9 0
35 - Stars & Stripes 70 AL M/P			R-6	110 50	1 2 3 4 5 6 7 8 9 0 1 2 3 4 5 6 7 8 9 0
36 - Teenager 57 AT G/S			R-6	130 40	1 2 3 4 5 6 7 8 9 0 1 2 3 4 5 6 7 8 9 0
37 - Treasure Chest 61 AL M/S			R-7	325 140	1 2 3 4 5 6 7 8 9 0 1 2 3 4 5 6 7 8 9 0
38 - U. S. Mail 69 AL M/P			R-4	80 45	1 2 3 4 5 6 7 8 9 0 1 2 3 4 5 6 7 8 9 0
39 - VW Bus 60s OG M/P			R-8	740 220	1 2 3 4 5 6 7 8 9 0 1 2 3 4 5 6 7 8 9 0
40 - Woody Woodpecker Unknown			R-10	850	1 2 3 4 5 6 7 8 9 0 1 2 3 4 5 6 7 8 9 0
41 - Upbeat 75 Sears			R-8	75	1 2 3 4 5 6 7 8 9 0 1 2 3 4 5 6 7 8 9 0

Japenese Lunch Boxes

1 - Goodeee 76 Sanyo	R-8	160	1 2 3 4 5 6 7 8 9 0 1 2 3 4 5 6 7 8 9 0	
2 - Patty & Jimmy 76 Sanyo	R-8	220	1 2 3 4 5 6 7 8 9 0 1 2 3 4 5 6 7 8 9 0	
3 - Hello Kitty 83 Sanyo	R-7	60	1 2 3 4 5 6 7 8 9 0 1 2 3 4 5 6 7 8 9 0	
4 - 10 Carat Flash 89 Sanyo	R-9	440	1 2 3 4 5 6 7 8 9 0 1 2 3 4 5 6 7 8 9 0	
5 - Hello Kitty 76 Sanyo	R-6	50	1 2 3 4 5 6 7 8 9 0 1 2 3 4 5 6 7 8 9 0	
6 - Hello Kitty 76 Sanyo	R-7	60	1 2 3 4 5 6 7 8 9 0 1 2 3 4 5 6 7 8 9 0	
7 - McDonalds 78 Sanyo	R-7	160	1 2 3 4 5 6 7 8 9 0 1 2 3 4 5 6 7 8 9 0	
8- Snoopy 89 Sanyo	R-6	60	1 2 3 4 5 6 7 8 9 0 1 2 3 4 5 6 7 8 9 0	
9 - Ginger Bread House 85 _England_	R-9	180	1 2 3 4 5 6 7 8 9 0 1 2 3 4 5 6 7 8 9 0	

Old Lunch Boxes

1 - Large Black Dome Early Teens	18	1 2 3 4 5 6 7 8 9 0
2 - Man's Work Box Late Teens	50	1 2 3 4 5 6 7 8 9 0
3 - Handi Andy Late Teens	20	1 2 3 4 5 6 7 8 9 0
4 - Child's Kit Early 20s	25	1 2 3 4 5 6 7 8 9 0
5 - Man's Work Box Wire Handle	25	1 2 3 4 5 6 7 8 9 0
6 - Man's Work Box Iron Handle	20	1 2 3 4 5 6 7 8 9 0
7 - Man's Work Box Flat Steel Hdl.	20	1 2 3 4 5 6 7 8 9 0
8 - Green 1940s AT	45	1 2 3 4 5 6 7 8 9 0
9 - Blue 1940s AT	45	1 2 3 4 5 6 7 8 9 0
10 - Black Flat 1940s AT	25	1 2 3 4 5 6 7 8 9 0
11 - Green Flat 1940s AT	20	1 2 3 4 5 6 7 8 9 0
12 - Blue & Gray Mid 40s AL	25	1 2 3 4 5 6 7 8 9 0
13 - Blue Late 40s AL	20	1 2 3 4 5 6 7 8 9 0
14 - Red late 40s AL	20	1 2 3 4 5 6 7 8 9 0
15 - Blue 1st to have Picture AL	260	1 2 3 4 5 6 7 8 9 0
16 - Blue w/Tan Band Late 40s AT	40	1 2 3 4 5 6 7 8 9 0
17- Blue w/Beige Band Late 40s AT	30	1 2 3 4 5 6 7 8 9 0
18 - Green w/Beige Band 1955 AT	30	1 2 3 4 5 6 7 8 9 0
19 - Silver w/Blue Band 1955 AT	30	1 2 3 4 5 6 7 8 9 0
20 - Silver w/Green Band 1958 AT	25	1 2 3 4 5 6 7 8 9 0
21 - Red w/Tan Band 50-54 UN	30	1 2 3 4 5 6 7 8 9 0
22 - Red w/Tan Band 1957 AL	30	1 2 3 4 5 6 7 8 9 0
23 - Red w/Tan Band 1957 AL	30	1 2 3 4 5 6 7 8 9 0
24 - Covered w/Red Cloth 1959 UN	45	1 2 3 4 5 6 7 8 9 0

Old Lunch Boxes

25- Covered w/Red Cloth 1959	UN	45	1 2 3 4 5 6 7 8 9 0	
26 - Dark Gray 1959	UN	30	1 2 3 4 5 6 7 8 9 0	
27 - Light Gray 50-54	UN	30	1 2 3 4 5 6 7 8 9 0	
28 - White 1959	AT	50	1 2 3 4 5 6 7 8 9 0	
29 - Man's Dome 1960s	AT	20	1 2 3 4 5 6 7 8 9 0	
30 - Man's Dome 1968	AT	30	1 2 3 4 5 6 7 8 9 0	
31 - Motor Guide 1978	AL	30	1 2 3 4 5 6 7 8 9 0	
32 - Dolph Briscoe-Texas 60s	AT	60	1 2 3 4 5 6 7 8 9 0	
33 - All Silver 1955	OA	30	1 2 3 4 5 6 7 8 9 0	

Thermos

1 - Green w/g outside cardboard		65	1 2 3 4 5 6 7 8 9 0
2 - Universal		25	1 2 3 4 5 6 7 8 9 0
3 - Sambo's	AL	30	1 2 3 4 5 6 7 8 9 0
4 - Icy-Hot	1909	35	1 2 3 4 5 6 7 8 9 0
5 - Dunkin' Donuts	KST	30	1 2 3 4 5 6 7 8 9 0
6 - Game Birds	KST	45	1 2 3 4 5 6 7 8 9 0
7 - Game Birds	KST	40	1 2 3 4 5 6 7 8 9 0
8 - Hi Lo	AL	15	1 2 3 4 5 6 7 8 9 0
9 - Tennis	KST	40	1 2 3 4 5 6 7 8 9 0
10 - ABC Sports	KST	50	1 2 3 4 5 6 7 8 9 0
11 - Outdoor Sports	AT	55	1 2 3 4 5 6 7 8 9 0
12 - NFL	KST	40	1 2 3 4 5 6 7 8 9 0
13 - Sears	J. C. Higgins	15	1 2 3 4 5 6 7 8 9 0
14 - Japan 1950s	Terra	20	1 2 3 4 5 6 7 8 9 0
15 - Angler	1955 AL	55	1 2 3 4 5 6 7 8 9 0
16 - 76	70s AL	25	1 2 3 4 5 6 7 8 9 0
17 - Plaid	KST	20	1 2 3 4 5 6 7 8 9 0
18 - Fonz	KST	45	1 2 3 4 5 6 7 8 9 0
19 - Thermos Brand	England	45	1 2 3 4 5 6 7 8 9 0
20 - Thermos	Czechoslovakia	60	1 2 3 4 5 6 7 8 9 0
21 - Pitcher 1914 Universal Universal's first Thermos. W/Glass Liner		60	1 2 3 4 5 6 7 8 9 0

Late Additions

F1 - Sports Mexico 65 KST R-8	220	1 2 3 4 5 6 7 8 9 0
F2 - Map Brazil 70 Unknown R-7	385	1 2 3 4 5 6 7 8 9 0